Hanspeter Oschwald

Abbé Pierre

HERDER / SPEKTRUM
Band 4415

Das Buch

Er hat zeitlebens keinen Konflikt mit den Etablierten gescheut und ist seit Jahren als Kandidat für den Nobelpreis im Gespräch. Sein Engagement gilt den Pennern, den Alkoholikern, jugendlichen Kriminellen, ausgesetzten Kindern, Schwulen und Aidsopfern: den „Asozialen". Die Spitzen der Gesellschaft zählen zu seinen Bewunderern – obwohl er Gesetze brach, Lumpen sammelte, das Elend voller Empörung öffentlich machte und Gerechtigkeit statt Almosen forderte. Mitglieder von Königshäusern und die Menschen auf der Straße waren bewegt von dem, was er tut. Liberale Intellektuellenblätter bescheinigen ihm, er sei der einzige, der in der heutigen Krisenwelt noch überzeugend den Glauben an Gott vermitteln könne. „Heilige Nervensäge" nennen ihn andere. Welcher Mensch ist dieser Abbé Pierre, der über 80jährige katholische Priester, der – nach Umfragen – angesehenste Franzose, der Rebell aus Gerechtigkeitsgefühl, der letzte Heilige eines säkularisierten Landes? Er hatte als junger Mann auf sein Vermögen verzichtet, ging in den Widerstand, rettete Juden unter Einsatz seines Lebens, war Kapuziner und Abgeordneter der Nationalversammlung. Eine leidenschaftliche Ansprache über Rundfunk vor mehr als 40 Jahren rüttelte die Nation auf, als Obdachlose in Paris erfroren – ein Hilferuf, der in der französischen Gesellschaft nahezu denselben Stellenwert hat wie Charles de Gaulles Aufruf zur Befreiung von der deutschen Besatzung. Hanspeter Oschwalds großer Bericht erzählt von einem ungewöhnlichen Leben und spürt seinem Geheimnis nach. Das Buch ist gleichzeitig ein realistisches Spiegelbild der französischen Gesellschaft dieses Jahrhunderts und eine aktuelle Herausforderung angesichts der „neuen Armut" – auch bei uns.

Der Autor

Hanspeter Oschwald, geb. 1943 in Waldkirch, 23 Jahre für die dpa tätig, davon sechs Jahre in Italien und fast neun in Frankreich. Leitet heute das Auslandsressort des Nachrichtenmagazins FOCUS. Zahlreiche Beiträge für Rundfunk und Fernsehen.

Hanspeter Oschwald

Abbé Pierre

Herausforderung für die Etablierten

Herder
Freiburg · Basel · Wien

Gedruckt auf umweltfreundlichem,
chlorfrei gebleichtem Papier

Originalausgabe

Alle Rechte vorbehalten – Printed in Germany
© Verlag Herder Freiburg im Breisgau 1995
Herstellung: Freiburger Graphische Betriebe 1995
Umschlaggestaltung: Joseph Pölzelbauer
Umschlagfoto: KNA-Bild, Frankfurt a. M.
ISBN 3-451-04415-3

Inhalt

1. Das Kind reicher Eltern 7
2. Der Kapuziner 21
3. Der Vikar 34
4. Der Widerstandskämpfer 40
5. Das ganz andere Ich 54
6. Der Politiker 58
7. Der Freund eines Mörders 72
8. Politiker, Bettler, Lumpensammler 82
9. Bettelkönig in einem Wintermärchen 98
10. Held und Mythos 112
11. Opfer der Kirche 123
12. Der Kommando-Unternehmer 134
13. Gast in den Blechstädten der ganzen Welt . . . 138
14. Der zornige alte Mann 154
15. Die heilige Nervensäge 168
16. Der Heilige und sein Erbe 179

1. Das Kind reicher Eltern

Der Innenminister war außer sich vor Wut. In seinem Büro im Pariser Palais Beauvau hatte er die engsten Mitarbeiter versammelt, darunter den Präfekten von Paris. Er fürchtete das Schlimmste, einen Umsturz, gerade zehn Jahre nach dem Ende des Zweiten Weltkrieges, mitten im eiskalten Winter 1954.

„Das ist Aufruhr. Nachgeben gibt es nicht. Wir bleiben hart." Der Minister demonstrierte, was Arroganz der Macht war, die nichts, aber auch gar nichts von dem Alltag der kleinen Leute verstand. Er zog es vor, in einer beispiellosen Aktion der Nächstenliebe den Beginn einer Rebellion zu erkennen.

„Wer ist das überhaupt. Dieser seltsame Abbé?" Die Frage hätte er besser nicht nur rhetorisch zur Rechtfertigung seiner Sturheit gestellt, sonst hätte er früh genug sehen können, was da auf die Regierung und das ganze Land zukam.

Sein Kabinettschef konnte ihm nur ungenügend Auskunft geben, um zu erklären, was die Franzosen in diesen Tagen bewegte. Der Abbé hatte am 1. Februar eine Rundfunkansprache gehalten, die einmal nicht der staatlichen Kontrolle unterlag, und das ganze Land zu Herzen gerührt. Die Pariser strömten in solchen Scharen zum Spenden, daß trotz der bescheidenen Motorisierung in diesen frühen 50er Jahren die Straßen der Hauptstadt stellenweise verstopft waren.

Der Mann, um den es ging, hieß bürgerlich Henry Grouès. Doch alle nannten ihn Abbé Pierre. Eigentlich war das sein Name aus der Résistance, dem Widerstand gegen die deutsche Besatzungsmacht. Er war der Sohn reicher Eltern, ging ins Kapuzinerkloster, kämpfte im Widerstand, erhielt die höchsten französischen Auszeichnungen, war Abgeordneter der französischen Nationalversammlung und wurde berühmt als Gründer des Obdachlosenhilfswerkes „Emmaus", das fünfzig Jahre später in 42 Ländern der Welt Niederlassungen haben und aus seinem Gründer den in Umfragen beliebtesten Franzosen vor dem Tiefseeforscher Jacques-Yves Cousteau und dem Filmschauspieler Jean-Paul Belmondo machen sollte.

Doch davon konnte und wollte, soweit es denn schon möglich gewesen wäre, der Innenminister nichts wissen. Dabei hätte er sich ein zutreffenderes Bild von seinem Kontrahenten machen können. Immerhin stand und steht dem französischen Polizeiminister einer der am besten funktionierenden Apparate zur Ausforschung der Bevölkerung zur Verfügung. Die Renseignements Généraux hätten mit wenig Mühe die Informationen zusammentragen können, um den Minister vor einem Kräftemessen mit dem kleinen Abbé zu warnen.

Henry Grouès hätte sich ihm als ein ungemein zäher, trotz zahlreicher Krankheiten hartnäckiger 42jähriger Priester präsentiert, ein Mann mit einer alles entwaffnenden einfachen Nächstenliebe. Die Anlagen dazu hatte er geerbt. „Der Rest war Gnade Gottes", so die einfache Antwort, die der hochbetagte und über die Jahrzehnte hinweg kaum veränderte Abbé Pierre heute gibt.

Die Familie stammt aus der Hochprovence, sie geht auf italienisch-provençalische Vorfahren zurück. Der Großvater, Joseph Grouès, hütete noch die Schafe in der

Gegend von Saint-Veran im unwegsamen Hochgebirge östlich von Barcelonette. Der Verkauf der Wolle brachte dem gottesfürchtigen und arbeitsamen Schäfer zu wenig ein. Er verlegte sich deshalb früh aufs Handeln mit Geweben und Stoffen. Seinen Sohn Antoine schickte er auf die beste Schule, die er sich mit seinem bescheiden wachsenden Wohlstand leisten konnte: zu den Jesuiten in Lyon. Die Stadt an der Rhone sollte die große Zukunft der Familie werden. Das wichtigste Erbe jedoch war die Zähigkeit des Gebirglers und das bis auf den Enkel Henry weitergegebene, geradezu preußische Pflichtbewußtsein.

Abbé Pierre sagt heute unumwunden, daß er aus einer reichen Familie stamme. Not kannte der kleine Henry in der Tat nicht. Die schweren Jahren des Großvaters und seines Vaters hatte er nicht mehr erlebt, obwohl er am 5. August 1912 gerade zum Vorabend des Ersten Weltkrieges in Lyon zur Welt kam, als fünftes von acht Kindern.

Der Vater hatte zuerst in Mexiko sein Glück versucht, mit mehr Problemen als tatsächlichem Erfolg. Danach heiratete er in eine Familie von Tuchfabrikanten. Als gerade seine eigenen Unternehmungen in den Bankrott trieben, erhielt er eine Managerstellung, die der Familie für alle Zeit Not als Fremdwort erscheinen ließ. Antoine Grouès wurde 1911 Geschäftsführer der Alliance Textil de Lyon, der Textilvereinigung, und 1916 zusätzlich der Fonderies de Lyon, der Schmelzhütten der Rhonestadt. Die Familie zog in eines der vornehmsten Viertel: 26, rue Sala auf der Halbinsel zwischen Rhône und Saône, dem „Lyon der Lyoner".

Beim Umzug machte der kleine Henry die erste Bekanntschaft mit Armut und konnte nichts damit anfangen. Neben den zahlreichen Umzugskartons waren einige aussortiert, die nach den Worten seiner Mutter zu den Spediteuren „für die Armen" bestimmt waren. Auf die Frage des kleinen Henry: „Was sind das, die Armen" erhielt er zur Antwort: „Diejenigen, die nichts haben." Was es bedeutet, nichts zu haben, lernte er erst viele Jahre später kennen.

Bis dahin war sein einziger Kummer der Abschied von einer geliebten Person gewesen. Bei den Grouès arbeitete eine Zeitlang ein deutsches Mädchen „au pair". Bei Kriegsausbruch mußte das „Fräulein", wie sie die ganze Familie nannte, Lyon und Frankreich in Richtung deutsche Heimat, dem Land der Kriegsfeinde, verlassen. Henry blieb der Augenblick unvergessen, als sein Vater das Mädchen zur Eile drängte: „Der letzte Zug nach Deutschland geht in einer Stunde."

In der großen Villa konnte sich der kleine Henry nach Herzenslust austoben. Er spielte mit Vorliebe den Kasper und stand gerne im Mittelpunkt.

Als alter Mann erzählte Abbé Pierre aber auch, daß er ein schwieriges Kind war. Übermut und Ausgelassenheit konnten von einer Minute zur andern verschwinden und tiefem Ernst, Verschlossenheit und Besorgtheit, ja Niedergeschlagenheit Platz machen.

Vielleicht war die Mutter zu sehr mit der großen Familie und dem Haushalt beschäftigt. Jedenfalls hatte sie nur wenig Zeit für die einzelnen Kinder. „Zärtlichkeit war für den kleinen Henry ein Fremdwort", urteilt Pierre Lunel, Pariser Professor und Autor mehrerer Bücher über den Abbé, quasi sein offizieller Biograph. Er legt zumindest die Schlußfolgerung nahe, daß in der übergroßen Sehnsucht nach Liebe, die von der Mutter nicht gestillt wurde, der Schlüssel zu Henry Grouès' Weg vom großbürgerlichen Fabrikantenkind zu einem der größten Franzosen dieses Jahrhunderts zu suchen ist.

Mit sechs Jahren prägt sich Henry ein Ereignis ein, das er sein ganzes Leben nicht mehr vergessen wird. Er erzählt mit über 80 Jahren noch davon, als wäre es gerade erst gestern geschehen: „Wir waren an einem Donnerstag zu einem Fest bei Vettern eingeladen, die sehr wohlhabend waren. Sie hatten immer die neuesten Spielsachen, die phantastischsten Dinge. Doch an diesem Tag hatte ich etwas Böses angestellt. Ich hatte vor dem Frühstück von der Marmelade auf dem Tisch genascht. Als es entdeckt wurde, log ich und ließ einen meiner Brüder verdächtigen. Das war wirklich ganz gemein. Am Ende kam doch heraus, daß ich es war. Meine Eltern haben mich damit bestraft, daß ich nicht zu dem Fest mitgehen durfte. Ich blieb also daheim.

Am Abend kamen meine Brüder und Schwestern nach Hause, alle ganz aufgekratzt. Sie rannten gleich zu mir, um mir zu erzählen, wie wunderbar der Nachmittag gewesen sei. An eine Einzelheit erinnere ich mich ganz besonders. Sie schwärmten geradezu vom Taubenschießen, Tauben aus Karton, die sich drehten und die man mit Gummipfeilen treffen mußte. Und ich, kleiner Mann, sehe mich noch heute völlig ungerührt. Zu einem meiner Brüder sagte ich: ‚Soll ich mir vielleicht daraus etwas machen, daß ich nicht dabei war?' Ich drehte mich auf dem Absatz um, stolz auf mich und meine überwältigende Logik.

Eine halbe Stunde später rief mich mein Vater in sein Büro. Er schimpfte nicht. Er sah mich nur sehr unglücklich an: ‚Henry ich habe gehört, was du zu deinem Bruder gesagt hast. Spürst du denn überhaupt nicht, wie abscheulich das ist? Es kommt nicht nur auf dich allein an.' ... Das blieb mir unvergeßlich. Der Schmerz meines Vaters. Er bestrafte mich nicht noch einmal. Er machte mir auch keine weiteren Vorwürfe. Er gab mir nur etwas zu erkennen, was ganz tief in ihm saß. Er war unglücklich, weil ich mich schlecht benommen hatte."

Die Erfahrung hinterläßt tiefe Spuren in Henry. Er fühlt etwas, das ihm das ganze Leben über als wesentlich erscheint: Jemanden, den man liebt und der einen liebt, darf man nicht enttäuschen. Das Leitmotiv des späteren Abbé Pierre wird sein: „Du kannst nie genug lieben!"

Henrys Kindheit unterscheidet sich äußerlich kaum von derjenigen der meisten Kinder, die in einem behüteten Elternhaus aufwachsen dürfen. Er ist der Liebling der Geschwister, weil ihm gewöhnlich ein Scherz einfällt, ein lustiges Wortspiel oder eine Grimasse. Die dunklen, schlaflosen Nachtstunden in seiner Kammer, die oft erst durch den Weckruf des Kammerdieners der Familie unterbrochen werden, der zuerst zur Schule der Minderbrüder und später der Jesuiten ruft, diese Stunden bleiben lange sein Geheimnis.

Nächtelang grübelt der Heranwachsende über die Probleme, die in den Jahren der Pubertät ein sensibles Gemüt bewegen. Leben, Sinn des Lebens, Tod, Glauben und das Ziel des eigenen Lebens. Zum ersten Mal, so bekennt später Abbé Pierre, wollte er sterben, als sein geliebter Großvater, mit dem ihn manche Vertraulichkeit und Komplizenschaft verband, starb. Da war Henry sieben Jahre alt.

Doch Sterben war für den pubertären Henry nicht so sehr ein Abschied vom irdischen Dasein. Todessehnsucht war eher ein Ausdruck dafür, sich einfach zuviel für das Leben vorgenommen zu haben. Undiszipliniert, wie er in Schule und Alltag war, so daß er die Hausaufgaben eigentlich nur erledigte, um seinem Vater zu gefallen und ihm nie mehr weh zu tun, ließ er sich in eine Gefühlswelt fallen, deren Bewältigung ihn nahezu überforderte.

Als eines Tages eine Frau ihn und einen Kameraden fragte, was sie einmal werden wollten, antwortete Henry: „Seemann, Missionar oder Straßenräuber". Koketterie eines Jugendlichen, die ein Körnchen Wahrheit beinhaltete.

Es war die Zeit, in der Henry Grouès zum ersten Mal mit den großen Heiligenfiguren der Kirche bekannt wurde. Ein Museumsbesuch, einige Bücher entflammten ihn zu einem Leben als Held der Kirche, am liebsten wollte er als Märtyrer enden. Eines Abends, als ihn sein Vater vor dem Schlafengehen wie üblich umarmte, vertraute der kleine Henry ihm schließlich den Lebenswunsch an: „Papa, ich möchte Missionar werden." Und der Vater zeigte Verständnis, war er doch tieffromm und einer der bekanntesten Wohltäter der Stadt. Er war Verantwortlicher oder Mitarbeiter mehrerer caritativer Organisationen für Waisen, Taubstumme, Straffällige, Kranke und Arme. 1934 wurde er dafür mit der päpstlichen Auszeichnung Bene Merenti geehrt.

Bestärkt wurde der Wunsch, Missionar zu werden, von einem Erlebnis, das Vater Antoine den beiden Buben Léon und Henry eines Sonntags bereitete. Die zwölf und elf Jahre alten Brüder hatten sich schon oft gefragt, was ihr Papa an diesem Tag in stundenlanger Abwesenheit machte, wo es doch keineswegs um die Geschäfte gehen konnte.

Die Antwort fiel unerwartet eindrucksvoll aus. Antoine Grouès brachte die beiden zu den Armen der Stadt in einem Heim namens „Cité Rambaud".

Abbé Pierre erinnert sich: „Mehrere Männer wie unser Vater hatten sich unter etwa 50 Bettler gemischt, die Ärmel hochgekrempelt. Sie rasierten die Armen, schnitten ihnen die Haare, entlausten sie und servierten ihnen schließlich das Frühstück. Ich habe noch im Ohr, wie

Papa uns bei der Heimkehr sagte, wie schwer es doch sei, denen zu dienen, die soviel zu leiden hätten."

„Meine Empfindsamkeit ist ganz außergewöhnlich. Ich bebe innerlich wegen Tausender kleinster Dinge: Freude, Leid, Bitternis, Stolz oder Scham, die wie die zahlreichen Wellen eines Flusses beim Vorbeifahren eines Bootes ans Ufer schlagen, die Saiten meines Seins erklingen und noch lange nachhallen lassen. Das Wort Empfindlichkeit wühlt mich auf, wenn es nur vor mir ausgesprochen wird. Ich sage mir, daß dies unreif sei, und kann mich doch nicht davon überzeugen. Es scheint, daß ich dies für besonders großartig halte, obwohl ich im Grunde weiß, daß ich nicht recht habe. Ich leide unter diesem Zustand und liebe ihn dennoch. Ich bin stolz auf diese innere Auseinandersetzung. Wenn mich eine Idee oder ein Wesen begeistert, vergesse ich alles. Ich vergesse alles andere und denke nur noch an das Eine. Das verzehrt mich, verbrennt mich, mein Kopf arbeitet wie wild und versetzt mich in grenzenlose Begeisterung und höhlt mich gleichzeitig aus. Ich leide und will leiden. Ich bin stolz zu weinen, weil ich ein zu großes Herz habe."

Geschrieben hat Henry Grouès diese Zeilen mit 16 Jahren in einer Prüfungsarbeit im Jesuitengymnasium.

Wen wundert es, daß er mit dieser Sehnsucht nach Leiden Rückschläge geradezu genießt. Als er mit 13 Jahren am Blinddarm operiert wird und sich Komplikationen einstellen, stürzt er sich auf die Lektüre und verschlingt bändeweise Philosophen, setzt sich mit Descartes' Lehre von der Vernunft auseinander, will vernünftig werden und vertraut seine Erkenntnisse einem Tagebuch an.

Introvertiert wie er ist, fehlt ihm eine Grunderfahrung

des Jugendlichen. Er möchte geliebt werden und sucht eine Bezugsperson, der er alles anvertrauen kann. Nicht Vater, nicht Mutter und nicht die größeren Geschwister, vielleicht ein Mädchen. Mit Mädchen hat er aber nie viel im Sinn gehabt, selbst wenn der greise Abbé Pierre einmal zugibt, daß ihm die Zärtlichkeit zwischen Mann und Frau sein Leben lang schmerzlich gefehlt habe.

Der Gedanke an eine Freundin liegt dem jungen und gutaussehenden Henry selbst während der für die Lyoner Bürgersöhne obligatorischen Tanzstunden reichlich fern. Einen Freund will er haben, mit dem er alles teilen kann.

Als Henry während einer Messe einen Jungen sieht, von dessen Singstimme er fasziniert ist, versucht er mit allen Mitteln, ihm seine Freundschaft anzutragen. Doch vergeblich. Enttäuscht, geradezu am Boden zerstört, in seinen romantischen, ichbezogenen Vorstellungen tief verletzt, appelliert er in seinem Tagebuch an Gott und die Welt, sie mögen sich doch seiner und seines so abweisenden Freundes erbarmen.

Ostern 1927. Henry Grouès zählt 15 Lenze und erlebt etwas, was sich in diesen zwanziger Jahren nur wenige leisten können. Die Jesuiten des Gymnasiums der Heiligen Helene reisen mit ihren Zöglingen nach Rom. Nach der Rückkehr ist sich Henry sicherer als je zuvor, wie sein künftiges Leben aussehen soll – voller Nächstenliebe und in Armut.

Zu dieser Überzeugung gelangte er aber nicht in der Ewigen Stadt, dem Zentrum der Christenheit, sondern während einer Etappe auf der Rückreise: in Assisi.

Im Pilgerheim findet Henry nachts keinen Schlaf. Im Morgengrauen steht er auf und wandert zur Rocca, zur Festungsruine über der Stadt des heiligen Franziskus hinauf. Österlicher Frieden liegt über dem Land, als plötzlich die Glocken aller Kirchtürme zu läuten beginnen. In seinem Tagebuch notiert Henry seine überwältigenden Eindrücke: „Ah wie schön, sich verlieren an einem Morgen voller Glocken, wenn die ganze Erde alles offenbart, was Liebe bedeutet."

Aufgewühlt und gebannt hängt er an den Lippen der Patres, die den Schülern am folgenden Vormittag vom Leben und den Ideen des heiligen Franziskus erzählen.

Auch wenn es ihm noch nicht bewußt ist – in Assisi wird der spätere Abbé Pierre geboren. In der Rückschau bekennt Abbé Pierre, dort die „Gewißheit, geliebt zu werden und zu leben, um zu lieben" erfahren zu haben.

Fortan schreibt Henry nicht mehr nur seine Erlebnisse und Gedanken in sein Tagebuch. Er ordnet sich seinem „Chef" unter, ein Wort, das er gebraucht, wenn er nicht Gott, sondern Jesus meint. In ihm findet er das Vorbild für seine eigene Sensibilität, seine Leidensfähigkeit, seine Leidenschaft und schließlich für sein Gottvertrauen in der Liebe, die auch totalen Verzicht bedeuten kann.

Das Schicksal will die Bedeutung dieses Jahres noch mehr unterstreichen. Henry Grouès trifft mit 15 auch seinen besten Freund, den zwei Jahre älteren François Garbit. Er kannte ihn zwar schon von gemeinsamen früheren Erlebnissen bei den katholischen Pfadfindern. Doch für eine ganze Weile kommt der eigensinnige Henry mit dem 17jährigen nicht zurecht. Henrys Pfadfindergruppe lehnt sich gegen ihren Kornett auf. Doch François erkennt in dem jüngeren eine verwandte Seele und reicht ihm schließlich die Hand zur Freundschaft. Sie wird 13 Jahre lang dauern, bis der Offizier François Garbit bei einem Einsatz im Libanon getötet wird.

Das schönste Denkmal dieser tiefen Freundschaft hat Abbé Pierre seinem Freund nach dessen Tod gesetzt. Er veröffentlichte den Briefwechsel mit ihm unter dem Titel „Vers le plus grand amour" (Auf dem Weg zur größten Liebe).

In François Garbit hat Henry endlich den Vertrauten für alles gefunden. Ihm kann er seine Todessehnsucht, sein Scheitern und seine hochfliegenden Pläne beichten, ohne befürchten zu müssen, daß sie mißverstanden oder mißbraucht und der Lächerlichkeit preisgegeben würden. François ist für Henry der perfekte Freund; durch ihn erfährt er, was es bedeutet, zu lieben und geliebt zu werden. Was nicht heißt, daß er ihm nicht gelegentlich gehörig die Leviten lesen kann.

„Du kannst an die Decke gehen, wenn du willst", schreibt ihm François eines Tages, als sich sein Freund mal wieder zu sehr in seiner Sehnsucht nach der Passion verliert. „Du hast in Wirklichkeit nie große Schmerzen ertragen müssen. Deshalb schaffst du dir ständig kleine. In deinem Alter gibt es viele, die in der Tat zu leiden hatten. All diese unglücklichen Kinder armer Eltern, die bereits in jungen Jahren um ihren Lebensunterhalt kämpfen mußten. Diese Jungen in deinem Alter, die in Fabriken mit vergifteter Luft arbeiten müssen. Oder alle diejenigen, von denen es auch viele in deiner nächsten Nähe gibt, die ihren Vater verloren haben. Kennst du überhaupt diese Eiseskälte, die das Herz umschließt, wenn man seinen Vater auf dem Totenbett sehen muß, die Hände gefaltet, ganz blaß?"

Das Jahr 1927 endet mit Krankheit. Henry leidet an Diphtherie und wird auf ärztlichen Rat nach Cannes geschickt, wo ein Priester ein Heim für Rekonvaleszenten eingerichtet hat. Die Meeresluft zeigt ihre Wirkung. Henry erlebt eine Phase seines Lebens, in der er einmal nicht von Todessehnsucht geplagt wird. Er will gesund werden. Vielleicht ist es aber nicht nur die Reizluft, sondern das Gefühl, frei zu sein, fern von den Zwängen der Schule und des Alltags in Lyon.

Er verschlingt ein Buch nach dem anderen, bis er auf ein Werk stößt, das er nicht mehr weglegen möchte: „Das Leben des heiligen Franz von Assisi" des dänischen Autors Johannes Joergensen (1866–1956). Die zweite Begegnung mit dem Heiligen der Armut und Demut entscheidet schließlich am Ende des 15. Lebensjahres endgültig über Henrys Ziel. Seinem Freund François schwärmt er nicht nur von dem Buch vor. Er bekennt ihm auch: „Ich will Franziskaner werden."

Und was sich Henry Grouès vorgenommen hat, verwirklicht er auch. Deshalb beeindruckt ihn ein Besucher im Jesuitengymnasium besonders. Henry Grouès war gerade 16, als sich ein ebenso prominenter wie umstrittener Jesuit in Lyon anmeldete. Pater Pierre Teilhard de Chardin war aus China zurück und besuchte das angesehene Kolleg an der Rhône. Henry war tief beeindruckt von den Gedanken des christlichen Evolutionstheoretikers. Noch mehr beeinflußte ihn aber, wie der von der Amtskirche mit Veröffentlichungsverbot belegte Pater an seinen Ideen festhielt und nicht nachgab. Lieber schwieg er. Stumm sein war wiederum nicht die Sache des künftigen Abbé Pierre.

Der Todessehnsucht, die Henry immer wieder befällt, steht nach der Entdeckung seiner Berufung zum Armenpriester ein Imperativ entgegen, den Garbit so formuliert: „Das Leben mit 15 Jahren ist der große Kampf um die Reinheit, den wir sooft verlieren, bei dem wir uns aber immer wieder erheben. Wir bereiten erst das wirkliche Leben vor." Später wird François noch deutlicher: „Sterben wollen mit 16? Sterben wollen, wenn man überhaupt noch nichts geleistet hat. Man muß auch seinen Tod verdienen!" – „Entschuldige meine Brutalität.

Die alten Todesträume stinken nach Kadaver und vergiften die Lebenden. Man muß sie ganz tief vergraben."

Das Leben, so ermahnt François Garbit, „ist nicht gemacht, um sich zu amüsieren, und nicht, um zu weinen, sondern um zu handeln".

Handeln wollte der heranwachsende Henry. Die Ideen, so wird dann auch Abbé Pierre 80jährig in seinem Testament schreiben, kommen bei ihm aus der Aktion und nicht umgekehrt. Er sucht Lösungen für eine Lage, die dringend nach der Tat verlangt. Nicht umsonst trug er bei den Pfadfindern den Namen „grüblerischer Biber": der Biber, der für das Aufbauen steht, der Grübler, der nach Lösungen sucht, die auch über unüberwindlich scheinende Hindernisse hinweghelfen. In der inzwischen bezogenen, herrschaftlichen elterlichen Villa „Vieux Port" (Alter Hafen) in Irigny im Süden von Lyon zog er sich immer wieder in seine Kammer zurück, schloß sich ein und überraschte nach stundenlangem Tüfteln und Basteln mit irgendeiner Konstruktion, die seine Eltern und Geschwister freudig bestaunten und schon vom großen Ingenieur Henry Grouès träumen ließen.

Sein Mechaniker-Baukasten war die Welt seiner realistischeren Träume. Seine Geschwister lauschten ihm andächtig, als er ein primitives Radio gebaut hatte und sie zum ersten Mal in ihrem Leben eine Rundfunksendung hören ließ.

Alles war im kleinen Henry schon vorgegeben, was ihn später so bekannt machen sollte. Die tiefe Liebe zum Nächsten, der praktische Sinn und die Suche nach ungewöhnlichen Wegen sowie die Kraft, diese auch zu gehen.

Die Jugend des Henry Grouès endet am 1. März 1930. Henry ist noch keine 18 Jahre alt, als er an diesem Tag der silbernen Hochzeit seiner Eltern seine größte Entscheidung ankündigt: „Ich werde im kommenden Jahr ins Kloster gehen". Was acht Jahre lang nur sein Vater und später sein Freund François wußten, wird zur familienöffentlichen Gewißheit.

Die Schule schließt Henry als viertbester unter 50 Schulkameraden ab. Die Pfadfinderei endet mit der höchsten Auszeichnung. Henry Grouès wird zum Pfadfinder-Ritter Frankreichs geschlagen. François Garbit zieht nach Paris, um in der militärischen Eliteschule Saint-Cyr auf den Beruf des Offiziers vorbereitet zu werden. Die befreundeten Jesuiten Henri de Lubac und La Vareille bestärken Henry in seiner Wahl. Er verzichtet auf das elterliche Erbe und tritt am 21. November 1931 mit 19 Jahren ins Kapuzinerkloster von Notre Dame de Bon-Secours, dem Mariahilf-Kloster von St. Etienne ein.

To Morel, ein Pfadfinder aus seiner Gruppe, will bei der feierlichen Aufnahme in der Klosterkirche dabeisein, kommt aber zu spät. Er bittet an der Klosterpforte, ob er Henry nocheinmal sehen könne. Der erscheint mit rasiertem Kopf, in brauner Kutte und Sandalen. „Du bist verrückt", rutscht es da Morel heraus. „Komm mit! Kehr um! Was willst du denn bei diesen Verrückten? Das ist nichts für dich."

To Morel sollte unrecht und recht behalten. Für die Kapuziner war Henry wirklich nicht gebaut. Doch ohne die über sieben Jahre hinter ihren Klostermauern gäbe es keinen Abbé Pierre, nicht den kleinen energischen Mann mit der Pelerine und der Baskenmütze, der einen französischen Innenminister vor Zorn fast platzen ließ und der ein Hilfswerk aufbaute, das 60 Jahre später zum Beispiel für den Kampf gegen die neue Armut ebenso wie für die Würde des Menschen weltweit wirken sollte.

2. Der Kapuziner

Verrückt? Die Frage stellte sich nicht nur dem Kameraden aus der Pfadfinderzeit. Mit ihr wird Henry Grouès in den verschiedensten Formen zeitlebens konfrontiert. In St. Etienne wird sie auch und besonders intensiv durch seine neue Umwelt des Kapuzinerordens aufgeworfen: Wie kommt ein Sohn reicher Eltern ausgerechnet auf die Idee, in den bei der Bourgeoisie am wenigsten angesehenen Orden einzutreten? Die Familie Grouès hatte doch ausgezeichnete Beziehungen zu den Jesuiten. Ein Onkel Henrys war selbst Jesuitenpater. Dem wachen Geist, der Neugier und der Bildung des 19jährigen Henry hätte es wohl besser gestanden, der Elite der katholischen Theologie, der Wissenschaft und Forschung beizutreten.

Nichts von alledem. Henry suchte die demütigste Form des katholischen Ordensdaseins. Die entscheidenste Rolle spielte sicher das Vorbild des Vaters, dessen Beispiel als Helfer der Armen, der Clochards, der Ausgestoßenen, der Chancenlosen. Die Mildtätigkeit eines Mannes, der Armut kannte und in tiefem Gottesglauben seinen erworbenen Reichtum als Verpflichtung zur Hilfe für den Nächsten verstand.

Tiefe Glaubenserfahrung, vor allem seine Gottesbegegnung in Assisi, war das zweite Motiv. Eine mystische Sehnsucht, die sich immer wieder auch in tiefer Depression äußerte. Wenn sie schon nicht durch den Tod erfüllt würde, so wollte Henry Groués die Mystik durch Leiden und Verzicht, durch totale Hingabe erfahren. Das Lehrstück, das auf den unabhängigen Kopf voller Stolz und Ehrgeiz wartete, hieß Demut üben. Es sollte ihn an den Rand des körperlichen Zusammenbruchs führen.

Es begann mit einer rechtsgültigen Erklärung am 23. April 1931. Ein für allemal nahm er Abschied vom Reichtum, als er auf seinen Anteil am elterlichen Erbe verzichtete. Henry notierte: „Der Herr hat mich zu einem Akt der Armut geführt, zu dem ich bisher nicht den Mut hatte. Jetzt habe ich ihn vollzogen. Jetzt bin ich arm und getröstet." Nun konnte beginnen, was sich Henry als Nachfolger des heiligen Franziskus gewünscht hatte. Er hatte sich aufgemacht, ein Heiliger zu werden.

Im Kloster von St. Etienne wurde aus Henry Groués zunächst der Novize Bruder Philippe. Sein Vater hatte ihm auf den Weg mitgegeben, er möge „sich der väterlichen Fürsorge seiner Oberen voll unterwerfen, ohne aber zu übertreiben". Er kannte seinen Sohn nur zu gut und fürchtete um seine unerschütterlich zielgerichtete Sturheit mit allen Konsequenzen, die ihn schließlich überfordern könnten.

Kapuziner sein war jedoch nicht so einfach, wie es sich Henry vorgestellt hatte. Es menschelte auch hinter Klostermauern. Da war zunächst sein Mitbruder und Novize Bruder Firmin. Der stammte aus dem Arbeitermilieu und wußte, was Elend ist, und das nicht nur aus sonntäglichen Besuchen im Armenhaus. Er wollte zuerst Bankkaufmann werden, hatte mit seinen 30 Jahren bereits Berufs- und Gewerkschaftserfahrung, bevor er Priester werden wollte, scheiterte und danach ins Kapuzinerkloster ging.

Sechs Monate hatte er schon als Novize verbracht, als ihm der Neue zur Seite gestellt wurde. Die nächsten sechs Monate mußten sie auf engstem Raum miteinander auskommen. So verlangten es die Regeln für das Noviziat. Ausweichen ging nicht, und Bruder Philippe bekam einen Spiegel der Wirklichkeit vorgehalten, wie er sie bisher allenfalls mittelbar von seinem Freund François Garbit kannte.

Firmins Vorwürfe trafen mitten in die sensible Seele: „Ich weiß aus eigener Erfahrung, was Elend ist. Du bist ein Sohn reicher Eltern und versteigst dich doch nur in romantische Selbstquälerei." Bruder Philippe ertrug die Vorwürfe nur schwer, zumal sie in Gehässigkeiten und Sticheleien ausarteten. Um so strenger befolgte er die Ordensregeln. Die Kluft blieb zwischen dem arm gewordenen Reichen und dem arm gebliebenen Armen. Henry erfuhr, wie schwer es war, als Reicher ins Himmelreich zu kommen. Das Nadelöhr, durch das eher ein Kamel gehen konnte, als ein Reicher in den Himmel, hatte für Bruder Philippe plötzlich einen realistischen Namen: Noviziat und Ordensregeln.

Beim Eintritt in den Orden mußte Henry Grouès drei Gelübde ablegen: Gehorsam, Armut und Keuschheit. Das zweite wurde notariell vollzogen. Kein Problem. Das wollte er, auch wenn ihm sein Mitbruder Kokettieren mit seiner Herkunft vorwarf.

Gehorsam, den mußte er mühsam lernen. Er sagte aber später, es sei ihm nicht so schwer gefallen, „weil er nur sehr selten etwas befolgen mußte, wovon er nicht überzeugt war": Verinnerlichung eines Gelübdes.

Keuschheit machte ihm ein Leben lang zu schaffen. Er hielt sich, wie er seinem französischen Biographen Pierre Lunel berichtete, stets an den Zölibat, rigoros und unbeugsam. Doch selbst mit 83 Jahren bekannte er noch, daß es ihm schwerfiel, auf die Zärtlichkeit einer Frau zu verzichten. Die Sehnsucht nach Geborgenheit und nach dieser intimsten Begegnung mit einem anderen Ich, diesem tiefen Vertrauen in einer glücklichen Ehe, wie er sie bei seinen Eltern erfahren hatte, konnte er nie völlig verdrängen.

Am freiwillig gewählten Zölibat rüttelte er nicht. Er verinnerlichte vielmehr das Unerreichbare und suchte es durch absolute Armut und Hingabe an Gott zu überwinden. Trotzdem oder gerade deshalb ordnete er die auferlegte Ehelosigkeit der katholischen Priester, wie er in mehreren Interviews im hohen Alter noch versicherte, als ein irdisches Gebot der Kirche ein, das nicht als unabdingbare Voraussetzung für die Berufung zum Priester gültig bleiben müsse.

Das Leiden unter der unausweichlichen Nähe von Bruder Firmin im Kloster von St. Etienne war nach sechs Monaten beendet. Firmin wurde ins Kloster Crest im Département Drome geschickt. Henry-Philippe blieb die nächsten sechs Monate wieder für sich, eine Chance, die Gedanken zu ordnen und sich auf den weiteren Weg vorzubereiten. Nach einem halben Jahr war es auch für ihn an der Zeit, nach Crest umzuziehen, einen im Gebirge liegenden, abweisenden klösterlichen Steinkasten mit der Ausstrahlung einer häßlichen Festung mit Schießscharten statt Fenstern. Askese hatte hier steinerne Form angenommen.

Philippe tröstete sich: „Ich nehme all dies freiwillig an. Ich möchte die absolute Armut erreichen. Ich bin arm geworden, um den Reichen zu predigen. Ein Reicher und Großer kann zu den Armen predigen und sie bekehren. Aber nur einer der reich war und freiwillig die Armut annahm, kann die Reichen bekehren." Theoretisch waren damit im Tagebuch von Bruder Philippe Motiv und Ziel vorgezeichnet. Es waren zugleich selbstgewählte Trostworte, wenn sich Henry Grouès mal wieder in einer scheinbar verzweifelt Sackgassen zum Durchhalten zwingen mußte.

Eine solche ausweglose Lage, aus der er kein Entrinnen sieht, bietet sich ihm im Dezember 1932 im besagten Kloster Crest. Mit zwanzig Jahren denkt er zum ersten Mal daran, sein Testament zu machen. „Ich verfüge über nichts mehr. Ich bin völlig, ganz und absolut leer, ohne Wissen, ohne Wunsch und ohne Freude", notiert er.

Der totale Verzicht begegnete ihm schon in der Person des Superiors, des Klosteroberen. Vater Ange hatte recht traditionelle Vorstellungen von einem guten Kapuziner. Er sollte sich durch Selbstkasteiung, Geiselungen mittags und vor Mitternacht, abhärten, um sich ganz Gott zu weihen, der Welt total entsagen, körperlich wie geistig. Anspruchslosigkeit des Denkens war eingeschlossen. Statt intellektueller Höhenflüge war dem Kapuziner inbrünstiges Beten auferlegt. Was mit dieser Praxis nicht zu verbinden war, wurde vedrängt und verharmlost. Wie lange konnte dies ein zwar für mystische Hingabe überaus empfänglicher junger Mann ertragen, der aber zugleich gebildet und intellektuell anspruchsvoll war?

Sechs Quadratmeter große Zellen, Eiseskälte im Winter, nur notdürftig durch ein kleines offenes Feuer gemildert, als wichtigste Begleiter Flöhe und als psychische Belastung die stete Nähe von Mitbrüdern, die eben nicht nur Psalmen sangen, beteten, studierten und schwiegen. Das quälende Unverständnis von Bruder Firmin in St. Etienne dehnte sich auf den ganzen Konvent aus, es gab dieselben Erfahrungen von Neid und Herzlosigkeit und Kälte. Henry konnte tun und lassen, was er wollte, er wurde einfach nicht akzeptiert.

„Mein Herz ist voller Sorge", vertraut er seinem Tagebuch an. Er flüchtet in die innere Emigration. Sein Ziel ist, „sich in sich selbst eine Zelle in der Zelle" zu schaffen, einen letzten Ort des Rückzugs, um mit sich und Gott allein zu sein. Kutte und Kloster betrachtet er nur als äußere Hülle für eine Seele, die sich Gott weihen wollte.

Mit Beiträgen in einem Mitteilungsblatt des Konvents „Der Franziskusbote" (Le Messager de saint François) unternimmt er einen weiteren vergeblichen Versuch, sich zu offenbaren und gleichzeitig sein Innerstes zu schützen. Trotz seines bedauernswerten Zustands zeichnet er seine Artikel bewußt mit „Bruder Freude". Eines Tages steht hinter Bruder Freude ... „und Tränen". Ein Mitbruder hatte die Tränen spöttisch hinzugefügt, weil die Freude des Bruders Philippe ihm geheuchelt erschien.

Philippes Ehrgeiz, der weit über die Enge des Konvents hinausreichte, fand weder Verständnis noch Unterstützung in einer Klosterausbildung, die nach seinen Worten gerade soviel oberflächliches Wissen vermittelte, wie es für einen Bettelorden sein mußte, der schließlich durch das Leben seiner Mönche groß geworden war, die lieber dem Volk aufs Maul schauten und deftig predigten, als durch theologische Argumentation zu überzeugen.

Befriedigend war dies für Bruder Philippe auf Dauer nicht. Die intellektuelle Anspruchslosigkeit nagte in ihm. Er begegnete ihr durch hingebungsvolles Gebet und tröstete sich mit dem Kirchenlehrer Thomas von Aquin, der einmal gestanden hatte, er habe mehr am Fuß des Kruzifix gelernt als in allen Büchern.

Wenn selbst das nicht mehr die seelischen Qualen unterdrücken konnte, dann erinnerte sich Henry Grouès an seinen Vater, der ihm immer wieder gesagt und geschrieben hatte, wie stolz er und die ganze Familie auf „ihren Kapuziner" seien. Und die irdische wie geistige Wüste in den Bergen von Crest sei „eine Zwischenstation zwischen den Menschen und Gott".

Doch mußte die Wüstenzeit sieben Jahre lang dauern? Bruder Philippe zweifelte nicht nur. Er sann auch darauf, wie diese Prüfung verkürzt werden könnte. Hingabe an Gott, ja. Aber nicht handeln, nichts bewegen zu können, wo es draußen in der Welt soviel Elend gab? War es richtig, sich gerade diesem Orden anzuschließen? Die Zweifel wachsen und lassen sich nicht mehr unterdrücken. Henry Grouès ist zu intelligent und zu sensibel, um auf Dauer etwas akzeptieren zu können, das ihn von seiner Bestimmung abhält. Nach der Halbzeit gilt für ihn nur noch: durchhalten bis zur Priesterweihe. Die wollte er auf jeden Fall erreichen.

Zwei Menschen helfen ihm dabei. Pater Ernest, dem er anvertraut ist und der bei ihm bleibt, wenn die Psyche nicht mehr will und der Körper unter dem Fasten ebenso kapituliert wie unter dem seelischen Druck. Philippe wird auf Pater Ernests Bitten von zahlreichen klösterlichen Übungen freigestellt. Er ist so gebrechlich geworden, daß er einfach nicht mehr kann. Pater Ernest verteidigt seinen Schützling auch gegen den Spott der Mitbrüder, die sich über den arroganten Wohlstandsjüngling lustig machen, ohne darüber nachzudenken, was diesen wirklich von ihnen unterscheidet.

Pater Ernest vertraut Bruder Philippe an: „Ich bin zu dieser Berufung, zu dem franziskanischen Weg anders gekommen als sie, mit einer anderen Begeisterung und mit anderen Bedürfnissen als sie. Die Verständnislosigkeit der Oberen und der Mitbrüder war nicht zu vermeiden. Meine Berufung war etwas Besonderes, und meine wirklichen Fehler werden hier nicht korrigiert. Alle meine Mitbrüder, mit denen ich so streng bin, haben dies nicht verdient. Das übertriebene Leiden macht mich blind und ungerecht. Ich werfe ihnen etwas vor, das sie sich überhaupt nicht vorstellen können und für das sie nichts können." Pater Ernest versteht ihn und tut alles, damit er wenigstens bis zum Ende der Ausbildung und bis zur Priesterweihe durchhält.

Der zweite Helfer in dieser Not ist der alte Freund François Garbit. Zwei Jahre lang hatten sie sich nicht mehr geschrieben. Garbit hatte inzwischen die Offiziersschule St. Cyr absolviert und ein Kommando in der Sahara Mauretaniens übernommen. Henry Grouès haßt den Konvent von Crest, François Garbit die Wüste, die gottlose Verlassenheit, auch wenn er sich bei den Patrouillen mit seinen Meharistis in den Dörfern ins biblische Zeitalter zurückversetzt fühlt. Doch der Offizier Garbit fängt sich leichter in seinem „Assisi, das Wüste heißt", als sein Freund Henry bei den direkten Nachfolgern des heiligen Franziskus von Assisi.

„Armer kleiner Bruder in deinem Flohnest. Du sprichst von Flöhen, wir von Läusen", spottet er in einem Brief vom 8. April 1937. Dann fährt er fort: „Was ist eigentlich los? Ich kann es kaum fassen, daß du wieder in die Hoffnungslosigkeit deiner Jugend zurückgefallen bist, jetzt, wo du doch weißt und nicht nur spürst, wie viele Gründe es gibt zu hoffen ... In deinem Fall sehe ich nur eines. Halt durch, denn diese Leere, diese Traurigkeit, dieses Gefühl der Einsamkeit kann man bei fast allen Heiligenleben sehen. Es ist das ,Oh Herr laß diesen Kelch an mir vorübergehen'..."

Henry träumt vom Leben eines Heiligen. Er will der Retter der Sünder werden, und statt dessen hockt er in einem weltabgeschiedenen Kloster, zum Nichtstun verurteilt, wo er nicht einmal richtig allein sein kann, dafür aber um so einsamer ist. Am 11. Dezember 1937 schreibt er, am Ende seiner Kräfte, an den Provinzial der Kapuziner, Pater Philibert, und klagt ihm sein persönliches Elend: „Seit drei Wochen lebe ich in Einsamkeit.

Im Schlaf drücken mich Alpträume. Ich huste und habe Brustschmerzen, Magenbeschwerden und Kopfweh. Ich leide den ganzen Tag über, tausend Stiche und Prellungen. Ich kann niemand mehr vorbeigehen sehen, ohne darunter zu leiden. Eine physische Revolte zerbricht mich. Was soll ich machen? Selbst bei der Arbeit geht es nicht besser ..." Danach läßt er sich über die Kleinlichkeit und die Eifersüchteleien der Mitbrüder aus, die sich über idiotische Fragen beim Studium aufregten, statt sich den wirklichen Dingen zu widmen. „Ich kann nicht mehr. Ihr elender kleiner Bruder Philippe, unwürdiger Kapuziner", schließt der Brief.

Doch die erhoffte Antwort bleibt aus. Der Provinzial kann oder will ihm nicht antworten. Will er ihn leiden lassen bis zum bitteren Ende, weil es der kapuzinische Weg zur Demut ist? Oder versteht er das Aufbegehren des 25jährigen nicht, der so anders ist als die anderen Ordensbrüder seiner Provinz? Die Antwort kommt zwei Jahre später und bestätigt das enge Disziplindenken des Oberen, der sich als Diener Gottes versteht und die eigene Ignoranz für Gottes Willen hält.

Das Ende der Lehr- und Studienzeit bei den Kapuzinern wird überschattet vom Tod des Vaters. Antoine Grouès stirbt am 24. Mai 1938, Henry neben sich am Sterbebett, auf der anderen Seite Henrys Onkel, der Jesuitenpater Charles Chamussy. Sie beten gemeinsam jene demütigen Worte, die seit 15 Jahren zum Abendgebet der Familie gehören: „Herr, wir wissen, daß wir nichts sind ohne Dich, daß wir nichts wissen, daß wir nichts aus uns allein können."

Auf den Tag genau vier Monate später, am 24. August, findet sich Henry Grouès neben einem jungen Jesuiten, der einmal so berühmt werden sollte wie er selbst, wieder. In der Hauskapelle seiner einstigen Schule, des

Jesuitengymnasiums Sainte-Hélène von Lyon, liegt der Kapuziner Henry Grouès in seiner braunen Kutte neben dem Jesuiten Jean Daniélou, dem späteren Kardinal, im weißen Priesterrock, um von Lyons Erzbischof, Kardinal Pierre Gerlier, zu Priestern geweiht zu werden.

Prominent, wie die beiden Neupriester erst noch werden sollten, war der Beichtvater, dem sich Henry am Abend zuvor anvertraut hatte. Jesuitenpater Henry de Lubac, einer der großen Wegbereiter des Zweiten Vatikanischen Konzils (1962–65), pflanzte dabei dem angehenden Priester einen Satz in die Seele, der den späteren Abbé Pierre schicksalhaft begleitete und dessen Befolgung ihm jene Glaubwürdigkeit in der sonst so laizistischen französischen Gesellschaft verschaffte, die bis heute verwundert: „Wenn Sie morgen auf den Stufen vor dem Altar liegen, dann beten Sie zum Heiligen Geist und bitten Sie ihn nur um eines, er möge Ihnen den Antiklerikalismus der Heiligen schenken."

Paradox, ein Jesuit empfiehlt einem Neupriester als wichtigsten Grundsatz für seinen Priesterberuf den Antiklerikalismus. Abbé Pierres Biograph Pierre Lunel sieht darin den frühen Segen für den späteren „Rebellen im Namen Gottes".

In der Tat hat sich der Priester Henry Grouès immer an diese Maxime gehalten. Streng unterscheidet er zwischen zwei Kirchen: der katholischen Regierungskirche und der Mutter Kirche. Die Kirche als Mutter seines Glaubens, als mystischer Leib Christi, als Glaubensgemeinschaft, die trotz aller Irrungen, Fehler und Abwege über zwei Jahrtausende hinweg die Frohe Botschaft der Erlösung des Menschen durch Christus und die Liebe zum Menschen bewahrt und verkündet hat, steht außer jedem Zweifel.

Die irdische Form der Kirche, die er in einem Interview im Sommer 1995 als die Regierungskirche bezeichnete, steht für den Klerikalismus, das klerikale System der Amtskirche. Diese Kirche ist für ihn derselben Kritik zu unterziehen wie jedes andere menschliche Regierungssystem. Wie sehr er die eindrucksvolle äußere Erscheinung der römisch-katholischen Kirche ablehnt, geht aus einem Wunschtraum hervor, den er immer wieder erzählt: „Mir wäre es am liebsten, der Vatikan würde in ein Museum umgewandelt und der UNESCO unterstellt."

Mit der Priesterweihe hat Henry Grouès ein großes Ziel erreicht, aber noch lange nicht die Erlösung vom Fegefeuer des Kapuzinerkonvents. Nach der Weihe in Lyon muß er für ein weiteres Jahr nach Crest zurück, um seine Theologiestudien abzuschließen, so zweifelhaft ihm das Niveau dort auch erscheint. Am Gehorsamsgelübde rüttelt er nicht, auch wenn es ihm die größten Qualen bereitet. Diese wiederum verhelfen ihm schließlich doch zum begehrten Ziel, existentiell Kapuziner zu sein, zu leben und zu beten wie ein Kapuziner, aber von der Strenge und Enge des Ordens befreit zu werden.

Der Anfang vom Ende war im März 1939 abzusehen. Pater Philippe OFMCap, wie er jetzt als Kapuzinerpriester heißt, zerfällt gesundheitlich mehr und mehr. Pater Ernest rät ihm schließlich, seinem Beichtvater, dem Jesuiten und Onkel Chamussy zu schreiben. Im Brief vom 4. März bittet er ihn, er möge alles tun, damit man für ihn eine Kaplanstelle, und sei es eine noch so bescheidene, finde, „wo ich wieder zu atmen beginnen kann".

Bei Kardinal Gerlier fragt er an, ob er nicht in seiner Erzdiözese für einige Monate als Priester arbeiten könne. Er möchte um jeden Preis aus dem Klosterleben entlassen werden. „Ein starker Zweifel läßt mich seit Jahren nicht mehr los über meine Zugehörigkeit zum Kapuzinerorden." Pater Ernest empfiehlt ihm eine mehrwöchige Bedenkzeit in der Einsamkeit. Doch auch sie ändert nichts mehr.

Am 23. März stellt Pater Philippe aus Gewissensgründen den Antrag beim Provinzial Pater Philibert, künftig außerhalb des Konvents leben zu dürfen. „Was wäre mein Leben, wenn ich im Orden bliebe?" Doch der Provinzial will noch immer nicht auf ihn eingehen. Er gibt zwar in einer Unterredung mit seinem kleinen Kapuziner zu, daß er „sehr schnell den Eindruck gehabt habe, daß Sie nicht dazu gemacht sind, bei uns zu bleiben. Doch die Vorsehung hat es sicherlich nicht umsonst so eingerichtet, daß Sie bei uns gewesen sind." Disziplin und Kirchenrecht sind ihm wichtiger als alles andere, eine Erfahrung, die Abbé Pierre später bei niemandem wiederholen will. Wenn es um die Not der Menschen geht, setzt er sich fortan über die geschriebene Ordnung hinweg. Gesetze, die gegen die Menschen gemacht sind, läßt er nicht gelten. Sie seien im Interesse des Menschen zu mißachten. Pater Philibert hat, ohne es zu wollen und ganz und gar nicht in seinem Sinne, Henry Grouès eine gute Lektion fürs Leben erteilt.

Pater Philibert droht ihm mit Suspendierung a divinis, also der Aberkennung des Priesteramtes auf Lebenszeit. Henry Grouès wird daraufhin von Kardinal Gerlier in Lyon empfangen. Dieser empfiehlt ihm, sich von Bischof Caillot von Grenoble in dessen Diözesanpriesterschaft aufnehmen zu lassen. Dem stellt er sich kurz darauf vor, und nach einem kurzen obligatorischen theologischen Examen wird er Weltpriester, bleibt aber den Kapuzinern als Mitglied des Dritten Ordens verbunden, einer Gemeinschaft, die ohne die Gelübde nach den Regeln des Ordens zu leben trachtet.

Zum Abschied zwei widersprüchlich erscheinende Reaktionen: Henry Grouès kann es sich nicht verkneifen, in einem Brief an den Generaloberen der Kapuziner in Rom seine Motive kritisch darzulegen. Sein Urteil ist hart: „Wenn man bereit ist, nach und nach die Gesundheit, die intellektuelle Kultur, die Ehre von tausend Schätzen des Christentums zu opfern, sein Gewissen zu verwirren und die Entbehrung so weit zu treiben, daß der Seele nur noch Gottes Trost bleibt, dann ist ein Punkt erreicht, der zuviel ist. Wenn dieser Zeitpunkt gekommen ist, dann kann man nur noch nein sagen." Er habe jetzt nur noch seinem Gewissen gehorchen können. Dennoch dankt er dem Orden für die acht Jahre, „meine zwanziger Jahre", die „Gott mir als unschätzbaren Wert geschenkt hat".

Über Pater Ernest bittet er seine Mitbrüder um Verzeihung. Wenige haben ihn später verstanden und es ihm auch eingestanden. Doch da war er nicht mehr der seltsame Kapuziner, sondern Abbé Pierre.

Pater Ernest gibt ihm in einer Antwort auf den Weg: „Ich kenne Sie gut genug, um Ihnen sagen zu können, daß Ihre Gesundheit nicht mit Ihrer Begeisterung und Ihren Wünschen Schritt halten kann. Gehen Sie behutsam mit ihr um, sonst werden Sie schnell verbraucht sein und müßten frühzeitig aufgeben. Das würde Niedergeschlagenheit und eine zerstörerische schwarze Serie nach sich ziehen. Mäßigen Sie Ihre Wünsche, sonst kommen Sie nicht weit. Das sage ich Ihnen voraus. Die wirkliche Stärke ist die Geduld."

Doch davon will Henry Grouès so wenig wie möglich Gebrauch machen, jetzt schon gar nicht, da sich die Klosterpforten für immer hinter ihm geschlossen haben. Er sollte dennoch weit, sehr weit kommen.

3. Der Vikar

1939 hat die Welt Henry Grouès wieder. Der Pater Philippe ist im Konvent von Crest geblieben. In die Pfarrei der Basilika Saint Joseph von Grenoble ist Vikar Grouès gezogen. Doch die Begegnung mit der „Welt draußen" endet anders, als es sich der tatendurstige Vikar vorgestellt hat. Nach drei Monaten bekommt Grouès schon den Einberufungsbefehl und wird zum Militär eingezogen. Deutschland hat Frankreich angegriffen.

Im Range eines Unteroffiziers zieht der 27jährige zwar nicht an die Front, doch das Elend des Krieges lernt er reichlich kennen. Zuerst im Elsaß, dann in Vichy, in Vienne und schließlich in Narbonne arbeitet der gesundheitlich für die Front zu schwache Henry Grouès im Lazarett, in Krankenhäusern und in zu Hospitälern umfunktionierten Schulen.

Drei Monate bleibt er im Elsaß. Straßburg erlebt er bei einer Autofahrt nach Mülhausen. Die damals 180 000 Einwohner zählende Metropole ist evakuiert und wirkt bei der abendlichen Durchreise im Auto wie eine Geisterstadt, eine Stadt, die im zeitlichen Niemandsland zwischen der Blüte am Ende des vergangenen Jahrhunderts, den Wirren des Ersten Weltkriegs und der Rückkehr zu Frankreich jetzt einem ungewissen Schicksal entgegendämmert. Noch sprechen die Poilus, die französischen Soldaten, vom „drôle de guerre", vom seltsamen, drolligen Krieg.

Von den Schrecken der Naziherrschaft wird Henry Grouès erstmals ausgerechnet in Vichy, der späteren Hauptstadt des Kollaborations-Regimes unter Marschall Pétain, berührt. Zwei über Rumänien nach Frankreich geflohene polnische Offiziere berichten im Soldatenheim, das zur „Gemeinde" des Sergeant-Vikars gehört. Sie erzählen von der Verfolgung, den Hinrichtungen und schwören nur eines: „Rache an den Boches zu nehmen, Rache in Berlin." Boche ist die gehässige französische Bezeichnung für die Deutschen.

Henry Grouès trägt in dieser Zeit Uniform. Ein Soldat hatte sich über seine Soutane lustig gemacht: „Da schau her, schon wieder ein Pfarrer, der sich drückt." Als hätte er sich je gedrückt, zumal er gerade in dieser Zeit sogar die Heilige Messe heimlich lesen mußte. Ein Arzt hatte ihm nach einer schweren Grippe und folgender Rippenfellentzündung, die er sich im Elsaß zugezogen hatte, absolute Ruhe einschließlich Verzicht auf die Messe verordnet.

Inmitten von Verwundeten in einem Krankensaal, der zu Friedenszeiten ein Klassenzimmer in einem Gymnasium in Narbonne war, erfährt Henry Grouès im Juni 1940 vom Waffenstillstand mit Deutschland. Ein allgemeines Aufatmen geht durch die Reihe der Kranken und Verwundeten. Nur einer will die Erleichterung nicht teilen. Er ist fast völlig in Binden gewickelt. Er kann die Tränen nicht zurückhalten, Tränen der Hoffnungslosigkeit. Er stammt aus dem Elsaß und glaubt, für immer seine Familie verloren zu haben.

Henry Grouès möchte ihn trösten. Er nimmt die Hand des bald Sterbenden und spricht beruhigend auf ihn ein. Welche Hoffnungen er ihm machen kann, weiß auch der Abbé nicht. Doch daß es Hoffnung geben muß, daß der Mensch nicht ohne Hoffnung leben kann, davon ist er überzeugt. Die Leiden der Menschen im Krieg verlangten nach einer Hoffnung. Er, Henry Groués, 28 Jahre alt, wollte sie ihnen geben. Es war für ihn eine prägende Erfahrung: die Lehre von Narbonne.

Der „Abbé Pierre" nimmt langsam Gestalt an. Im Oktober 1940 wird Grouès Krankenhauspfarrer in Mure d'Isère und im Jahr darauf in einem Waisenhaus in Côte-Saint-André bei Grenoble. Dort bekommt er eine Lektion in französischer Zeitgeschichte.

Das Waisenhaus war ursprünglich ein katholisches Priesterseminar. Doch nach der im Konkordat von 1905 festgeschriebenen völligen Trennung von Kirche und Staat war es wie fast alle Kirchen in Frankreich vom atheistisch beherrschten Staat beschlagnahmt und umgehend in ein Waisenhaus umfunktioniert worden. Die Diözese Grenoble betrachtet es freilich weiterhin als ihren Besitz, der ihr geraubt worden sei. Das inzwischen etablierte Vichy-Regime versucht, in der schwierigen Lage der Abhängigkeit Restfrankreichs von Deutschland nicht auch noch diesen Riß in der Gesellschaft zu vertiefen. Kleine Gesten gegenüber der Kirche sollen die Wunden vernarben lassen. Die Amtskirche dankt es durch langes Schweigen, selbst noch als die Judenverfolgungen begonnen hatten.

Die Vichy-Nähe der französischen Bischöfe ist bis heute nur im Ansatz aufgearbeitet worden. Erst Ende der 80er Jahre beauftragte der Erzbischof von Lyon, Albert Decourtray, eine Kommission damit, zu klären, wie es geschehen konnte, daß kirchliche Einrichtungen nach dem Krieg 40 Jahre lang den französischen Judenverfolger Paul Touvier versteckten. Die Zwiespältigkeit von Duldung, Schweigen, Arrangieren und Hoffen entsprach der staatstragenden Einstellung der meisten Bischöfe, bis in die Gegenwart.

Für das Waisenhaus mit seinen 300 Kindern wurde also ein Religionslehrer erbeten. Bischof Caillot stimmte zu und schickte Grouès, dem er die heikle Aufgabe zutraute. Dieser gewinnt das Vertrauen der Hausleitung, philosophiert gar mit dem Direktor über Gott und die Welt. Doch Grouès darf nur den theologischen Disput führen und den Kindern den Katechismus beibringen. Er darf in dem Haus, das aus kirchlicher Sicht bis zur Rückgabe oder bis zu einer einvernehmlichen Regelung noch immer streng als quasi verbotene Zone für Katholiken betrachtet wird, solange das Anwesen nicht wieder zum Kirchenbesitz wird, weder die Messe feiern noch die Beichte abnehmen. Dafür müssen die Schüler zu Fuß ins nächste Dorf wandern.

Grouès gehört nicht zu den mediterranen Lebenskünstlern, die sich mit offenen Situationen abfinden wollen, die sich tatenlos unbekümmert einrichten, bis sich die Dinge schon alleine richten. Er fährt zum Erzbischof und fordert eine Änderung des Status. Das Waisenhaus hätte nichts dagegen. Doch der Oberhirte meint, Grouès habe übers Ziel hinausgeschossen, und läßt nicht am Status rütteln. Zur „Belohnung" für seine alles in allem doch erfolgreiche Arbeit im Waisenhaus wird Henry Grouès Vikar an der Kathedrale von Grenoble.

Die tragischen Folgen des gespaltenen Frankreich erfährt er auch aus der Ferne auf schmerzliche Weise. Sein Freund François Garbit mußte sie mit dem Leben bezahlen. Er war von Mauretanien in den Nahen Osten versetzt worden. Nach dem Waffenstillstand ergab er sich nicht, sondern wechselte zu Charles de Gaulles Befreiungsarmee, den Freien Französischen Streitkräften. Im Südlibanon in der Nähe des Flusses Damour stand er plötzlich französischen Vichy-Truppen gegenüber. Es war der 8. Juni 1941, und die deutschen Truppen rückten stetig vor. Mit einem erbeuteten italienischen Panzer fuhr Garbit zwischen die Linien. Er wollte und konnte nicht auf seine Landsleute schießen. In Schußweite vor den Vichy-Truppen hielt er an und stieg mit einer weißen Fahne in der Hand aus, hinter ihm sein Adjutant mit der französischen Trikolore. Er wollte verhandeln, um Blutvergießen unter Franzosen zu verhindern. Doch diese eröffneten das Feuer. François Garbit wurde von einer Maschinengewehrgarbe getroffen und starb wenig später in Damaskus.

Henry Grouès bleibt seinem besten Freund nach dem Tod so verbunden, daß er ihm, wie in den Jahren, als sie sich brieflich gegenseitig Mut machten, einen Brief ins Jenseits nachschickt – seine Art, Trauer zu zeigen und mit dem Schmerz fertig zu werden. Es ist ein Zeugnis des Glaubens an das Leben:

„François, unsere Freundschaft, die 1926 begonnen hat, wird durch die Schüsse aus einem Maschinengewehr, die dich auf den Boden an der Grenze zwischen Palästina und Libanon nagelten, nicht gebrochen. Ich werde diese ‚Vertraulichkeiten' fortsetzen [Confidence, so nennt Henry Groués die Aufzeichnungen seiner persönlichsten Gedanken, die er bisher mit François Garbit geteilt hatte], in der unsere Seelen als Heranwachsende und später als Männer sich gegenseitig beistanden, damit unsere Schritte sich auf den Weg begeben konnten, der nach oben steigt im Dienst des größten Lichtes und der größten Liebe. Ich verdanke dir viel, François. Ich habe dich geliebt wie keinen meiner Brüder. Du hast mich gezwungen, an das Leben zu glauben, an die Freude zu glauben, die das Dasein und die Liebe bereiten. Danke. Ich glaube, daß du jetzt völlig in der Freude des Lebens und der Liebe bist, unverhüllt und ewig. Hilf mir, deine Seele mit meiner vereint, um anderen Heranwachsenden, anderen Menschen zu helfen, damit sie den Weg der Freude finden."

Der Brief, den Abbé Pierre in einem Band seiner Korrespondenz mit Garbit veröffentlicht hat, endet mit den Worten: „Das Leben lieben, sagtest du, das entdecken wir plötzlich an einem Tag, an dem das Herz rein ist und die Seele in Frieden. Adieu."

4. Der Widerstandskämpfer

Hohe Ziele sind es, die sich Henry Grouès gesetzt hat. Gesucht hat er nur das Höchste: die absolute Nächstenliebe. Gesucht und gefunden haben ihn Situationen, in denen er diesem Ziel näherkam. So war es auch mit dem Widerstand, der französischen Résistance gegen die deutsche Besatzungsmacht.

Die Résistance klopfte eines Abends im Juli 1942 an die Pforte seiner kleinen Wohnung im ersten Stock eines kleinen Hauses am Lavalette-Platz in Grenoble. Zwei Männer bitten mit tränenerstickter Stimme um Hilfe. Ihre Familien, zusammen zwei Dutzend Personen, warten unten auf der Flucht vor der Polizei. Es sind Juden, die sich gerade noch vor dem Zugriff der französischen Polizisten retten konnten.

Sie, die hilfswilligen Judenjäger des Vichy-Regimes, und nicht SS oder Gestapo durchkämmten Grenoble mit ihren Lastwagen und verschleppten alle Juden, die auf ihrer Fahndungsliste standen.

In der kleinen Wohnung konnte der Vikar kaum so viele Leute aufnehmen. Er schnappte sein Fahrrad und eilte durch die Stadt auf der Suche nach Helfern, die diesen Ärmsten der Armen, denen man das Recht auf Leben absprach, wenigstens vorübergehend Unterschlupf bieten konnten.

Das Risiko lohnte sich. Langsam entstand ein Netz von Helfern, das sich einfach aus Menschen zusammensetzte, die nicht tatenlos zusehen wollten. Von Résistance war nicht die Rede, nur von selbstverständlicher Hilfe. Doch wohin mit der wachsenden Zahl der Verfolgten?

Vikar Grouès wandte sich an die Kongregation der Sionsschwestern, Nonnen, die meistens aus vornehmen Familien stammten und sich vor allem dem christlich-jüdischen Dialog widmeten. Nun waren sie gefordert. Doch zumindest die Oberin hielt ihre Möglichkeiten für begrenzt. Das von ihr geleitete Pensionat konnte nicht viele aufnehmen, ohne die Polizei auf sich aufmerksam zu machen. Doch für die Aufgabe, die anstand, hatte die Oberin eine Expertin im Haus.

Eine jüngere Schwester hatte beste Vorarbeit für den Untergrund geleistet. Sie beherrschte perfekt die Kunst, Papiere zu fälschen. Sie brachte dem Vikar bei, wie falsche Ausweise korrekt ausgefüllt und gestempelt werden, und entließ ihn mit einem Bündel jungfräulicher Personalausweise. Mit ihnen sollten Gesuchte einigermaßen gefahrlos in der Stadt leben können, bis sie so schnell wie möglich in die benachbarte Schweiz in Sicherheit gebracht würden.

Bereits Anfang August 1942 begleitete der aus einer Gebirglerfamilie stammende Henry Grouès eine Seilschaft von zwölf Juden bis auf 3200 Meter Höhe über den Montroc-Le-Planet und den Trient-Gletscher in die Schweiz. Mehrere Dutzend solcher Bergführungen in die Freiheit sollten folgen. Seine Pflichten als Vikar erledigte in dieser Zeit der zweite Vikar an der Kathedrale, den Grouès einweihte, aber dazu verdonnerte, kein Sterbenswörtchen irgend jemandem zu erzählen, nicht einmal dem Dompfarrer. Die Erfahrung mit dem höheren Klerus hatte Grouès vorsichtig werden lassen.

Es gab Rückschläge. Nicht alle hielten dieser Nervenbelastung stand. So etwa ein polnischer Junge, der für sich und seine Familie die „neue Identität" bekommen sollte. Doch Henry Grouès und zwei Fälscherhelfer konnten nicht geradewegs am Fließband Ausweise produzieren. Es kostete Mühe und viele durchgearbeitete Nächte. Der Junge hielt diese Spannung nicht aus und erhängte sich auf dem Dachboden, auf dem er die Übergabe abwarten sollte. Henry Grouès kam um wenige Stunden zu spät.

Die Lage verschlimmert sich. Zwar besetzen die Italiener Grenoble. Doch gleichzeitig verschärfen Judenhasser in der Vichy-Regierung die Verfolgung. Bald wird der Antisemitismus in ganz Frankreich genügend Anhang finden, die die Deutschen tatkräftig bei der Judenverfolgung unterstützen. Ohne französische Mithilfe bei dieser Verfolgung hätten die meisten Juden Frankreichs vor der Deportation und dem Mord in den Gaskammern der Nazi in Sicherheit gebracht werden können. Es dauerte über 50 Jahre nach Kriegsende, bis ein französischer Staatspräsident diese Mitschuld erstmals offen anerkannte. Am 16. Juli 1995 bekannte Jacques Chirac: „Diese dunklen Stunden besudeln auf ewig unsere Geschichte und sind eine Beleidigung für unsere Vergangenheit und unsere Traditionen." Am 16. Juli 1942 hatte die französische Polizei in Paris eine Razzia gegen die Juden eröffnet und 13 152 Menschen ins Radsportstadion getrieben, wo sie nach fünftägiger Isolierung in Güterwaggons gepfercht und nach Auschwitz in die Gaskammern deportiert wurden. Der Staat konfiszierte die Güter zahlreicher ausgelieferter Juden und rückte sie nicht mehr heraus, wie der Rechtsanwalt und Nazijäger Serge Klarsfeld herausfand.

Nur einige wenige Bischöfe der katholischen Kirche Frankreichs protestieren. Die Mehrheit verhält sich „staatstragend", sie schweigt. Unter der Hand kursiert ein Heftchen, das nach dem Krieg zur Pflichtlektüre und zum Sprachrohr der reformoffenen Katholiken in Frankreich werden sollte: „Témoignage chrétien". Henry Grouès verteilt es im katholischen Widerstand von Grenoble. Die Autoren lernt er erst viel später kennen. Keiner schreibt unter seinem wirklichen Namen.

Vichy organisiert nicht nur die Judenhatz, sondern sorgt auch dafür, daß die deutschen Wünsche nach Fremdarbeitern erfüllt werden. Die Propaganda läuft auf Hochtouren. Den Franzosen soll weisgemacht werden, daß sie als Arbeiter im Deutschen Reich helfen, den Bolschewismus zu bekämpfen. Wo der Aufruf nicht fruchtet, werden junge Männer zum „Service du Travail Obligatoire" (STO), dem Arbeitsdienst in Deutschland, mehr oder weniger abkommandiert. In ihrer Gewissensnot wenden sich viele im Beichtstuhl an ihre Pfarrer. Henry Grouès möchte ihnen am liebsten dadurch helfen, daß er mit ihnen nach Deutschland zieht. Zusammen mit zwölf weiteren Priestern bittet er um die entsprechende Erlaubnis. Doch Bischof Caillot lehnt ab. Einige verzichten daraufhin, ihr Priesteramt weiter auszuüben und schließen sich den Zwangsarbeitern an. Andere gehen in die Résistance.

Henry zieht den Untergrund vor. Der Beichtstuhl wird zur Kommunikationsstelle. Mit dem „Ego te absolvo", mit der Lossprechung von Sünden, verknüpft er ein unauffälliges Paßwort. Einer der Kommandeure des entstehenden Maquis, ein ehemaliger Offizier, nimmt den Decknamen Raoul an. Grouès selbst hat nun seinen dritten Namen. Henry Grouès, dann Bruder und Pater Philippe, jetzt heißt er im Maquis Georges. Es ist das Pseudonym, unter dem er ein eigenes Bulletin der Hoffnung redigiert: „Union Patriotique Indépendente" (UPI). Weitere Decknamen werden folgen. Einer lautet Abbé Pierre, und bei dem bleibt es für den Rest des langen Lebens.

Eine Begegnung, die auch ein Leben lang tragen wird, fällt in diese Tage. Henry Grouès war für einige Tage nach Lyon gereist, um sich zu erholen. Er wußte nicht, daß im Seminar der Jesuiten von Fourvière eine Hochburg des geistigen Widerstandes gegen die Naziherrschaft entstanden war. Zu ihm gehörte sein Freund Henry de Lubac SJ. Dieser empfahl ihm vor der Rückkehr, in Grenoble mit einer gewissen Lucie Coutaz Kontakt aufzunehmen. Sie arbeitet im Sozialbüro der Stadt unter einem antijüdischen Chef und wird zum Dreh- und Angelpunkt des Widerstands. Nach dem Krieg bleibt sie bei Abbé Pierre als Mädchen für alles und wird zur Seele seines Hilfswerkes.

Georges' UPI fallen in die Hände der Résistance-Führung. Man läßt nach dem Autor suchen und landet schließlich in der Kathedrale von Grenoble. Der Kontakt zur Résistance, die von General Charles de Gaulle von Algier aus über Funk geleitet wird, ist hergestellt. Die Aktivitäten, die irgendwie zur Kathedrale führen, bleiben dem Regime nicht verborgen. Als Grouès an Diphtherie erkrankt, entschließt er sich, zur Erholung zu seiner Schwester Noelle im ehemaligen Elternhaus in der Rue Sala in Lyon zu fahren. Dort erfährt er, daß die Kathedrale in Grenoble von der Polizei durchsucht wurde. Er selbst sei identifiziert worden und nach ihm werde nun gefahndet.

Das Risiko, daß ihn die Deutschen bei seiner Schwester in Lyon finden könnten, wird zu groß. Henry schlüpft bei den Jesuiten unter. Unter dem Schutz seines Onkels, des Seminarrektors von Fourvière, taucht er vorübergehend weg – unter den Augen der deutschen Besatzungsmacht. Ein Flügel des Jesuitenhauses wird von den Deutschen benutzt.

Die Fahndung nach dem Abbé, der sich jetzt Pierre

nennt, kann nicht verhindern, daß dieser einen Freund in einem Vorort von Grenoble traut. Sie kann auch nicht verhindern, daß er eine Rettungsaktion führt, die ihm später einen Ehrenplatz in der Geschichte des gaullistischen Frankreich sichert. Er bringt den jüngsten Bruder von General de Gaulle, Jacques, und dessen Frau Jeanne in die rettende Schweiz.

Jacques de Gaulle leidet an der Parkinsonschen Krankheit. Er ist 1,90 Meter groß und wiegt rund hundert Kilogramm. Er war zum Pflegefall geworden, der völlig von seiner Umgebung abhängt. Die Familie hatte geglaubt, er sei deshalb vor Verfolgung sicher. Doch die Nazis kennen keinen Pardon, schon gar nicht, wenn es sich um einen Verwandten jenes Franzosen handelt, der mit seinem historischen Aufruf vom Juni 1940 von London aus seine Landsleute zum Kampf gegen die Deutschen bis zur Befreiung angestiftet hat.

Die Bergroute, wie sie Abbé Pierre zigfach überwunden hatte, kam diesmal nicht in Frage. De Gaulle brauchte einen Krankentransportwagen. Doch woher nehmen? Selbst kirchliche Hilfe kam in Grenoble nicht weiter. Abbé Pierre konnte sich dort nicht mehr sehen lassen. Die Verhaftung wäre so gut wie sicher gewesen. Die de Gaulles hielten sich im Wald von Talloires bei Annecy versteckt.

Nach einer gewagten Motorradfahrt, die vermutlich wenigstens zeitweise von Sicherheitsdiensten beobachtet wurde, findet „Pierre" Unterschlupf in einem Benediktinerkloster, dessen Oberen er sich anvertraut. Die Mönche finden tatsächlich eine Ambulanz, einer bringt sogar Pierres Motorrad nach Grenoble zurück, um die Spuren zu verwischen.

Um vier Uhr früh ist Abfahrt. Ohne Scheinwerfer sucht sich der Fahrer den Weg über verlassene Nebenrouten zum aufgelösten und mit Stacheldraht verbarrikadierten Grenzübergang Saint-Julien. Komplizen haben einen schmalen Durchgang geschaffen. Auf der anderen Seite wartet ein schweizerisches Krankenfahrzeug auf die de Gaulles. Alles ist gut gegangen.

Doch Abbé Pierre ist am Ende seiner Kräfte. In einem Brief an seine Geschwister beschreibt er seinen Zustand als tragisch. Er fühle in sich eine Flamme brennen, die er nicht löschen könne. Er sei getrieben von einer „Leidenschaft, der unvermeidlich die Erschöpfung folgt". Er wolle nur noch heim nach Grenoble, und wenn die Polizei ihn trotz seines erbärmlichen Zustands erkennen sollte, er war bereit, sich zu ergeben, damit endlich alles vorbei sei.

Er reist mit dem Zug in die Isère-Metropole und wird dort von einem Freund aus dem Widerstand aufgenommen. Niemand will etwas von dem bettelarmen Abbé, dessen Soutane am Körper schlottert. Die Stimmung in Grenoble ist anders, als er erwartet hatte. Ein Hoffnungsschimmer zeigte sich am Horizont. Des Rätsels Lösung: Radio London strahlte eine erlösende Geheimbotschaft aus: „Die Jahreszeit der Erdbeeren wird schön." Die schönen Erdbeeren waren Kisten. Die Alliierten warfen tonnenweise Waffen ab. Die Résistance fühlte sich endlich gewappnet, um nicht nur subversiv zu arbeiten, sondern aktiv gegen die Deutschen zu kämpfen.

Die erhoffte Landung der Alliierten, die Abbé Pierre erwartet hatte, fand noch nicht statt. Es war erst 1943, aber immerhin das Jahr der Kriegswende. Hitler hatte sein Stalingrad.

Abbé Pierres Maquisards formieren sich zur Schattenarmee zwischen vielen Fronten. Die Vichy-Propaganda hat Spuren hinterlassen. Die Bevölkerung bleibt, so klagen die Untergrundkämpfer ihrem Abbé, häufig gleichgültig. Die wenigsten haben Mut, sich zu ihnen zu bekennen. Sie mißtrauen den Freiheitskämpfern. Das Warten auf die alliierte Landung zerrt an den Nerven. Die Deutschen kommen den Widerstandsnestern im Gebirge immer näher. Ein Unterschlupf in Malleval, wo Abbé Pierre mit 130 Widerstandskämpfern Weihnachten feiert, wird kurz darauf verraten.

Die Deutschen wußten, daß von diesem Stützpunkt die Kommandos aufgebrochen waren, um Leitungen zu kappen, Brücken zu sprengen und Bombenattentate zu organisieren. Ein Bauer, der mit dem Maquis sympathisiert, führt die deutschen Soldaten zum Unterschlupf. Widerstand ist zwecklos. Zwei Maschinenpistolen drücken in seinen Rücken, während er auf die Maquisards zugeht. Die Soldaten richten ein Blutbad an. Der Bauer bekommt zum Dank eine Kugel in den Kopf. Fünf Widerstandskämpfer werden so lange verschont, bis sie die zerfetzten Leichen weggeräumt haben.

Sechs weitere, darunter eine Frau, die sich in eine Scheune retten konnten, werden entdeckt. Die Scheune wird mit ihnen abgebrannt. Das Dorf Malleval wird mit Dynamit und Flammenwerfern zerstört. 33 Menschen kommen ums Leben. Später spricht Frankreich vom ersten Oradour: Malleval, das kurz zuvor der Ort einer hoffnungsvollen Weihnachtsmesse des Abbé Pierre war. Jetzt mußte er den Angehörigen die Todesnachricht überbringen. Meistens waren es die noch jungen Söhne, die sich dem Freiheitskampf geopfert hatten.

In seinem Kampfblatt UPI macht Abbé Pierre dennoch Hoffnung und Mut: „Männer und Frauen des Widerstandes, gebt die Hoffnung nicht auf ... Ich klage Laval, Déat, Chateubriant, Henriot, Darnand, die Milizen, die Freischützen und alle Diener der Gestapo an. Sie lügen, und ich klage sie an."

Sie lügen, weil sie aus Abbé Pierres Erfahrung sehr wohl die Verbrechen der Nazis kannten. Abbé Pierre wußte doch auch Bescheid. Er wußte, wie SS und Gestapo des Klaus Barbie in der Festung Montluc von Lyon Verdächtigte quälten, folterten und töteten. Der Apparat des Grauens, den die deutsche Besatzung aufgebaut hatte, war dem Untergrund bis in alle Einzelheiten bekannt. Vieles erfuhren sie von einem Österreicher, der der Gestapo als Übersetzer bei den Verhören diente.

Eine Widerständlerin hatte ihn gebeten, ihr Deutsch beizubringen. Was er nicht wußte: Seine Lektionen waren für die junge Französin ein geschicktes Verhör. Das Grauen, das er Tag für Tag ansehen mußte, suchte nach einem Ausweg, nach jemandem, dem er sich anvertrauen konnte, um damit fertig zu werden. Die Französin, Marie de Sainte-Marie, so ihr Deckname, brauchte nicht nur wegen der unvorstellbaren Grausamkeiten der Deutschen starke Nerven. Unter der Folter brachen viele zusammen, die sie aus dem Untergrund kannte.

Ein „Informant" aus jenem Jahr 1943, ein deutscher Seminarist in Lyon, teilte dem Abbé aber noch viel Schlimmeres mit, mehr als die beiden polnischen Offiziere ihm damals voller Haß auf die Boches hatten berichten können. Der Seminarist zeigte dem französischen Abbé Belege für die Judenvernichtung. Es waren Fotos, von denen Abbé Pierre noch in seinem „Testament" schreibt, er habe deren Aussagen lange verdrängt, sie einfach nicht glauben wollen und jahrelang kaum darüber sprechen können.

Der Seminarist, dessen Identität bis heute unbekannt ist, hatte trotz schärfster Verbote in einem Konzentrationslager Aufnahmen machen können. Eines zeigte, wie menschliche Leichen zu einem Kadaverberg geschleppt wurden. Abbé Pierre glaubte an eine Epidemie und mußte sich belehren lassen, daß diese Epidemie einen anderen Namen hatte: Rassenhaß der Nazis.

Die Erinnerung löst bei ihm noch heute Zornausbrüche aus. „Warum", so fragte der sonst so friedfertige Abbé 1994, schickten die politischen Mächte nicht gleich Fallschirmjäger los, als sie von den Konzentrationslagern in Ex-Jugoslawien erfuhren? Warum sagen sie nicht jenen, die ihre Geschütze auf Sarajevo richten: Wir kennen eure Positionen. Wenn ihr schießt, werden wir sie vernichten? Der Mensch, der sich hinter der absoluten Souveränität seiner Nationalität verbarrikadiert, das ist Blödsinn."

Es war nur eine Frage der Zeit, daß auch die neue Identität von Henry Grouès, die des Abbé Pierre, gelüftet werden würde. Anfang 1944 war es soweit. Die Gestapo kannte nun ihren Gegenspieler Abbé Pierre, und niemand hätte ihn mehr in Lyon decken können. In der rue de Rennes in Lyon vertraute er im Morgengrauen sein Wissen von seinem im Gebirge geführten Widerstand dem Résistance-Chef und Nachfolger des ermordeten Jean Moulin, Georges Bidault, an. Danach verwandelte er sich auf dem Papier in den Theologiestudenten und Heraldikexperten Georges Houdin, der zum Institut catholique, der katholischen Universität in Paris, geschickt wurde. Logis sollte er bei einigen alten Professoren finden. Dort traf er einen Freund wieder, Jesuitenpater Daniélou, der mit ihm in Lyon zum Priester geweiht worden war. Daniélou zog die Drähte des Widerstandes an der Pariser Sorbonne-Universität.

„Houdin" blieb unverdächtig und konnte demnach neue Aufträge übernehmen. Dieses Mal ging es um Robert Comte, Verleger und Leiter des Informationsdienstes des Widerstandes, A. I. D. Er sollte nach Spanien in Sicherheit gebracht werden. Falsche Papiere allein reichten da nicht aus, Comte war zu bekannt. Der Plan erforderte mehr Raffinesse.

Unter den Vichy-Größen zeigte sich ein Phänomen, das auch deutsche Nazipotentaten befallen hatte: Eitelkeit im Stile eines Herrmann Göring. Robert Comte verlegte das „Who's who" des französischen Adels, das „Armorial de France". Dessen Autor Jougla war, was Comte allerdings nicht wußte, ein Doppelagent. Jougla hatte gerade einen heiklen Auftrag zu erledigen. Ausgerechnet der Hochkommissar für die Judenfrage des Vichy-Regimes, Darquier de Pellepoix, fand die eigene Abstammung nachbesserungsfähig. Den Heraldiker Jougla bat er deshalb, nachzuweisen, daß er von einem von Napoleon geadelten baskischen Baron abstammte.

Abbé Houdin wollte für Jougla gerne die Recherchen vor Ort im Baskenland übernehmen. Eine gewaltige Etappe auf dem Fluchtweg für Comte nach Spanien wäre genommen und das mit Hilfe eines erklärten Feindes.

Jougla überließ dem Abbé den Brief mit Darquiers Anfrage. Nach seiner Vorlage bekam Abbé Houdin anstandslos von der Kommandantur im Palais Bourbon einen Passierschein.

Houdin und Comte können unbehindert in die Gascogne fahren. Doch statt nach Ahnen zu forschen, erkundet der Abbé die Passiermöglichkeiten nach Spanien. Die Küste wird schnell ausgeschlossen. Deutsche Feldpolizei mit Schäferhunden läßt kein Schlupfloch frei. Die Flucht über das Gebirge bleibt vorerst außer Betracht, weil er nur für das baskische Küstengebiet eine Aufenthaltsgenehmigung hat.

Der Polizeikommissar von Saint-Jean-de-Luz stellt sich als Helfer heraus. Er versorgt ihn mit der notwendigen Erlaubnis. Doch in Cambo-les-Bains kontrolliert ein deutscher Polizist den seltsamen Abbé und traut dem Dokument nicht. „Komm, komm, Gestapo!" Abbé Pierre glaubt, das Ende sei gekommen. In seinem 1994 veröffentlichten Testament erinnert er sich, daß er in dieser Situation trotzdem keinen Haß empfunden habe, auch nicht gegen die Deutschen. Menschen konnte er nicht hassen, nur ihre Taten.

Der Hinweis auf Darquier verunsichert den deutschen Kontrollposten von Cambo dann doch. Er will zuerst in Paris rückfragen. Der Abbé darf im Pfarrhaus übernachten. Er zieht es aber vor, in der Nacht zu fliehen, und schlägt sich bis Pau durch. Dort nimmt ihn Bischof Théas auf, der selbst einige Wochen später verhaftet und deportiert werden wird.

Robert Comte kann dem Abbé aus dem französischen Baskenland hierher folgen. Sie treffen sich in der Wundergrotte des Marienheiligtums von Lourdes. Der Ministrant dieses Bittgottesdienstes, ein baskischer Schmuggler, stellt sich als Fluchthelfer zur Verfügung. Er soll sie danach über die Grenze bringen.

Die Flucht gelingt. In einem spanischen Maristenkloster in Grenznähe suchen sie Zuflucht.

Doch die spanische Kirche ist genauso gespalten wie die französische. Ein armer Christenmensch in Not ist noch kein Grund, ihm christliche Nächstenliebe zukommen zu lassen. Er muß auch noch das richtige politische Bekenntnis haben. Und das haben die beiden Franzosen bestimmt nicht, die vor den Deutschen fliehen wollen. Abbé hin oder her, die Maristen sind Francoanhänger und bringen die beiden zur Polizei. Robert Comte wird in ein Auffanglager für Franzosen gebracht. Der Abbé wird dem Bischof von Vitoria übergeben, der glücklicherweise Francogegner oder einfach nur ein überzeugter baskischer Patriot ist. Er kann aber auch nur erreichen, daß die Polizei den Abbé nach Madrid zur weiteren Klärung überstellt.

Es ist eine denkwürdige Nacht, als der Abbé und seine Polizeibegleitung im Zug Schach spielend in die spanische Hauptstadt reisen. Es ist der 6. Juni 1944, der Tag, an dem die Alliierten in der Normandie landen. Bei der Ankunft in Madrid ist das Ereignis in aller Munde. Jetzt möchte Abbé Pierre am liebsten auf der Stelle nach Frankreich zurück. Doch in Madrid erfährt er von einem Vertreter des Freien Frankreich, daß ihn General de Gaulle in Algier erwarte.

Das notleidende Spanien macht mit jedem Geschäfte, der ihm helfen kann. Abbé Pierre fragt nicht, wie und warum. Er erfährt nur, daß er zwei Tonnen Weizen „wert" sei, die Spanien für seine Reise nach Algier erhalten werde. Mit neuen Papieren, die auf den Namen von Sir Harry Barlow, einem abgeschossenen und getöteten kanadischen Piloten ausgestellt sind, fährt Abbé Pierre nach Gibraltar. Dort wird er von einem amerikanischen Flugzeug aufgenommen und nach Algerien gebracht.

General de Gaulle empfängt ihn. Doch der Wunsch des ungeduldigen Abbés geht nicht in Erfüllung. Statt in Frankreich für die Befreiung zu kämpfen, wird der dringend erholungsbedürftige Abbé Pierre Militärseelsorger bei der Marine, auf dem Kriegsschiff „Jean Bart" vor Casablanca. Er träumt vom Frieden und von Frankreich und tröstet sich, daß der Tod vieler seiner Kameraden nicht vergebens war. Selbst seine Mitbrüder, die gegen den Willen ihrer Bischöfe in den Untergrund gegangen waren, durften nun wieder ihr Priesteramt ausüben. Am 6. August 1944 rehabilitierte sie der Vatikan.

Die Résistance ist vorbei. Der Abbé Pierre bleibt. Bald

werden nur noch wenige wissen, wer Henry Grouès ist. Der Tarnname aus dem Untergrund dagegen wird zu einem Markenzeichen für christliche Nächstenliebe, das in Frankreich bald jedes Kind kennt.

5. Das ganz andere Ich

Das Mädchen hat Mühe zu gehen. Immer wieder muß die 16jährige sich auf dem Weg zur Fabrik hinsetzen, um auszuruhen. Die Schmerzen im Rücken werden immer schlimmer. Doch Lucie Coutaz arbeitet und arbeitet. Sie stammt aus einfachsten Verhältnissen und muß zum Lebensunterhalt der Familie beitragen. Der Vater ist Straßenbauarbeiter. Die Tochter wurde schon als Kind zur Arbeit geschickt. Sie klagt nicht, sondern erträgt ihr Leiden als unabänderliches Schicksal.

Ihre Schwester entdeckt als erste, daß mit Lucie etwas nicht stimmen kann. Sie sagt es ihrer Mutter. Man geht zum Arzt. Der schickt sie gleich zu einem Facharzt, wo das Urteil für das am 9. Mai 1899 geborene Mädchen schnell gefällt ist. Lucie leidet an Pottschem Buckel, eine Art Knochentuberkulose, die die Wirbelsäule schädigt. Keine Aussicht auf Heilung, allenfalls Linderung.

Für Lucie Coutaz beginnt eine Zeit der Torturen. Sie wird in Gips gelegt. Es hilft nicht viel. Auch die Konsultation anderer Ärzte führt immer zum gleichen Ergebnis. Das beste sei, sie so lange wie nur möglich auf einer harten Unterlage ruhig zu halten. Das Mädchen muß fünf Jahre lang auf einem Brett liegen. Die Jugendzeit ist zerstört.

Das ist die erste Leidenserfahrung einer Frau, die später zum wichtigsten Helfer des Abbé Pierre wird. Es ist jene Lucie Coutaz, die ihm Pater de Lubac in Lyon empfohlen hatte und die Henry Grouès dann im Sozialhilfebüro von Grenoble traf: eine unauffällige Frau, die mit eiserner Hand Ordnung hielt, diszipliniert und intelligent, diskret und äußerst wirkungsvoll ihre Arbeit erledigte und zu einem Dreh- und Angelpunkt der Résistance in Grenoble wurde.

In ihrer Leidenserfahrung ähnelt Lucie Coutaz dem Abbé Pierre, der ebenfalls immer mit Krankheiten zu kämpfen hatte. So unbeugsam wie er wird auch sie und doch ganz anders als der spontane Priester. Lucie Coutaz ist die Disziplin in Person und wird damit der ruhende Pol, die verläßliche Mitarbeiterin in allen Lebenslagen des Abbé Pierre, bis sie 83jährig in Paris stirbt.

Abbé Pierre wurde von den sieben Jahren im Kapuzinerkloster geprägt. Lucie Coutaz auf dem Holzbrett. Abbé Pierres Assisi hieß bei Lucie Coutaz Lourdes. Ihre tiefe Frömmigkeit führte sie zur Wallfahrt an den wundertätigen Ort am Fuß der Pyrenäen. Mit schmerzverzerrtem Gesicht übersteht sie Anfang September 1921 die weite Bahnfahrt quer durch den Süden Frankreichs. Jedes Rumpeln des Zuges, jeder unachtsame Schritt verursacht im Rücken unerträgliche Schmerzen.

Tagelang wird sie in die Bäder des Wallfahrtsortes geführt, die mit dem heiligen Lourdes-Wasser gefüllt sind. Nichts scheint sich in den ersten Tagen zu ändern. Sie betet und meditiert. Sie will die Hoffnung nicht aufgeben. Die Muttergottes und das Wunderwasser aus der Grotte der Marienerscheinung sind ihre letzte Aussicht auf Heilung. Eines Abends scheint es tatsächlich so weit. Sie fühlt sich viel wohler als bisher, auch wenn der Arzt keinerlei Veränderung feststellen kann, außer in ihrer Psyche. Er vertröstet sie auf den nächsten Tag.

Und das Wunder tritt ein. Schon am Morgen versucht Lucie länger aufrecht sitzen zu bleiben. Es gelingt. Nach dem Frühstück wird sie wieder in das Bad gebracht. Inbrünstig umklammert sie ein Marienbild. Als ihr aus dem Wasser geholfen wird, kann sie plötzlich wieder allein gehen. Sie steigt in ein Auto einer Freundin und läßt sich über einen holprigen Weg fahren. Die Stöße, die sie früher kaum aushalten konnte, hinterlassen keine Schmerzen mehr.

Lucie Goutaz ist geheilt, definitiv. Und sie hat einen eisernen Willen bekommen.

Sie kehrt nicht nur zur Arbeit zurück. Sie engagiert sich auch in der christlichen Gewerkschaft, liest alles, was sie über Arbeitsrecht und Arbeiterrechte erfahren kann. Ihr phänomenales Gedächtnis hilft ihr beim Argumentieren. Sie weiß, wovon sie redet, und kann sich durchsetzen.

Die Zusammenarbeit mit dem Kathedralen-Vikar von Grenoble erscheint ihr zunächst als eine vorübergehende Aufgabe, auch wenn sie sich trotz der Gefahr engagiert. So druckt und verteilt sie die UPI-Blätter des Abbés, in denen er zum Widerstand ruft, Hoffnung weckt und tröstet. Sie organisiert. Als Henry Grouès von Grenoble untertauchen muß und nach Paris geht, glaubt sie nicht mehr an ein Wiedersehen.

Im Januar 1945, Frankreich ist befreit, darf Abbé Pierre endlich von Nordafrika in die Heimat zurückkehren. Das Verteidigungsministerium hat ihn nach Paris beordert, wo er im Haus der Marine eine Wohnung erhalten soll, um als Militärseelsorger etwa 3000 Marinesoldaten zu betreuen. Mit dem Wasserflugzeug reist Abbé Pierre nach Toulon, dem Kriegshafen, und steigt dort in den Zug, um in Lyon einen kurzen Abstecher zu machen, die Familie und Freunde wiederzusehen. Wie wird es ihnen ergangen sein? Wer hat den Krieg nicht überlebt?

Die Weiterfahrt nach Paris steht kurz bevor. Abbé

Pierre wartet auf dem Bahnsteig von Lyon-Perrache, dem Fernbahnhof, als er einen Blick auf sich gerichtet fühlt. Es ist der von Lucie Coutaz. Der Abbé umarmt sie. Die Begegnung ist nur kurz. Schon rollt der Zug ein.

In Paris wartet viel Arbeit auf den Abbé, viele Reisen quer durch Frankreich und ein ständig wachsender Berg von Post, die zu erledigen ist. Abbé Pierre erinnert sich an Lucie Coutaz. Er schreibt ihr und bittet sie, für ihn zu arbeiten. Nach acht Tagen Bedenkzeit kommt die Zusage. Lucie Coutaz zieht nach Paris und teilt fortan den Lebensweg mit Abbé Pierre. Sie ist gleichsam sein anderes, sein ganz anderes Ich. Sie hat gelitten wie er, sie setzt sich durch wie er, sie teilt seine Ziele. Doch in der Praxis geht sie ganz anders vor, sehr korrekt und immer diszipliniert.

6. Der Politiker

Nancy, das lothringische Bergbaurevier hatte noch nie einen solchen Wahlkampf erlebt wie in diesem Spätsommer 1945. Ein Curé, ein katholischer Pfarrer mit mehreren Orden an der Soutanenbrust, trat für die gaullistische Partei Mouvement Républicain Populaire, MRP, die Republikanische Volksbewegung, an, ohne ihr anzugehören, und predigte soziale Gerechtigkeit, wie sie die Parteien gewöhnlich nicht verkünden.

In Homécourt, einer Stahlarbeiterhochburg, brüllt ein Zuhörer im vollen Stadion: „Curé, hau ab in die Sakristei!" Der Zwischenrufer glaubt den Ton der traditionellen Linkswähler getroffen zu haben. Doch der Abbé läßt sich nicht irritieren. Er kontert trocken: „Hat der, der gerade gesprochen hat, auch jene seiner Freunde gefragt, die gestern noch verfolgt wurden und über die Grenze flüchten mußten, um sich zu retten. Sie waren wohl nicht froh, einen Curé gefunden zu haben, der sie über die Berge führte!"

Der Konter sitzt. Das Stadion erbebt von Beifall. Diesem Curé kann man wohl vertrauen. Abbé Pierre gewinnt das Mandat des Wahlkreises Meurthe-et-Moselle und zieht als Abgeordneter in die Nationalversammlung ein.

Der Weg vom Widerstandskämpfer, der nicht nach Partei- oder Gesangbuch fragte, in die Politik war weit. Er begann gleich nach der Ankunft aus Algier und Lyon in Paris mit einer schmerzlichen Entdeckung. Frankreich, so analysierte Pierre Lunel, „hat wieder zu seinen alten Untugenden gefunden. Es war heillos zerstritten". Das fing schon bei der Begegnung mit den beiden höchsten Militärgeistlichen an. Der eine war schon bisher in diesem Amt gewesen und galt als nicht gerade Vichyfeindlich. Der andere kam aus London, aus de Gaulles Kreis. Beide gifteten sich nur an. Abbé Pierre hatte alle Mühe, zwischen ihnen zu schlichten.

In den Straßen und vor den Gerichten tobten sich noch immer Rache und Säuberung aus. Kollaborateure wurden angeklagt und verurteilt oder auf offener Straße ungestraft mißhandelt. Frauen, die Verhältnisse mit deutschen Soldaten gehabt hatten, wurden die Haare geschoren. Es traf, wie die spätere französische Nachkriegsgeschichte beweist, oft nur die kleinen Mitläufer. Und unter den Mitläufern gab es sehr viele, die heute von ihrer gestrigen Sympathie für die Deutschen nichts mehr wissen wollten.

Die Widerstandskämpfer wußten, wie wenig Unterstützung sie in der Masse der Bevölkerung bekommen hatten. Aber jetzt war nicht die Zeit für unangenehme Erinnerungen. Es war die Zeit der großen und der kleinen Rache im Alltag. Dabei hatte Abbé Pierre so sehr von einem neuen Frankreich geträumt, von sozialer Gerechtigkeit und Einigkeit, wie sie im Maquis praktiziert worden war.

Die sich neu formierenden Parteien wiederum, de Gaulle, die Sozialisten und die Kommunisten, suchten, jeder für sich, nach eigenen ideologischen Vorstellungen das Land auf ihre Seite zu ziehen. Das Parteiengezänk hob an.

Abbé Pierre predigte Nächstenliebe und fand gerade in der politischen Klasse nur Eigennutz. So lernte er einen

Grundsatz kennen, den Frankreich wohl am weitesten entwickelt hatte und der bis heute die Franzosen Entscheidungen ihrer Regierungen leichter schlucken läßt als andere Nationen, die gemeinhin als autoritätsgläubiger gelten. Abbé Pierre begegnete der Staatsräson. Verkörpert wurde sie von General Charles de Gaulle persönlich.

Der General lud den Abbé aus der Résistance zum Mittagessen ein. Abbé Pierre nutzt die Gelegenheit, um ihm von der Hungersnot im Land zu berichten, von den vielen Kindern, die darunter besonders litten. De Gaulle, der selbst eine behinderte Tochter, Anne, hatte, sollte als Chef der Übergangsregierung ein Hilfsprogramm genehmigen. Doch was mußte der Abbé von dem verehrten General hören: „Die Armee steht am Rhein, Straßburg ist befreit, die Panzer von Rundstedt ziehen sich zurück. Wir werden nach Deutschland vorrücken. Hitler wird hinweggefegt. Und Sie reden von Babys, die keine Milch haben ... Man führt keinen Krieg ohne Tote, Monsieur l'Abbé."

Dieser schwankt zwischen Verständnis und Trostlosigkeit und schickt dem General seine Schilderung des Maquis „23 Monate Leben im Untergrund". De Gaulle bedankt sich mit den Worten: „Mögen die Franzosen das Geheimnis der Brüderlichkeit bewahren, das sie in den Stunden der Prüfung erfahren durften." Abbé Pierre wird hochdekoriert. Er kann sich das Kriegskreuz, die Ehrenlegion, die Widerstandsmedaille an die Soutane stecken, alles, was Frankreich seinen ums Vaterland verdienten Söhnen an Ehre zukommen lassen kann.

Doch im Moment hat Abbé Pierre nicht viel davon. Später werden ihm die Auszeichnungen gelegentlich nützlich sein, wenn er den Armen und Obdachlosen zuliebe die Vorschriften der französischen Bürokratie zu großzügig übergeht. Die Ehrungen schüchtern kleinkarierte Funktionäre ein, sie wagen ihre bürokratische Allmacht nicht gerade an einer so verdienten Persönlichkeit auszutoben.

Doch im Augenblick steht der Abbé im Staatsdienst. Informationsminister Pierre-Henry Teitgen schickt den Militärpfarrer durchs ganze Land. Er informiert sich und hält Vorträge. Er erinnert immer wieder an die Lehren der Résistance und trägt so dazu bei, daß der Widerstand zum nationalen Kitt aufgebaut wird, der über alle politischen Grenzen hinweg ein halbes Jahrhundert lang die französische Gesellschaft vor der Aufarbeitung der eigenen Vergangenheit, der Vichy-Zeit, selbstgerecht bewahrt. Gewiß entspricht dies nicht der Absicht des Abbé Pierre. Er fordert immer wieder Wahrheit und Nächstenliebe:

„Die Résistance hat die Befreiung beschleunigt. Den Maquisards habe ich gesagt: Bereitet das Morgen vor. Aus dem Widerstand muß ein erneuertes Volk hervorgehen. Seid hungrig nach der Wahrheit. Die Wahrheit befreit und baut auf. Nur sie allein macht den wirklichen Menschen aus und mehr als alles andere den Menschen, der Verantwortung übernimmt, Vertrauen findet und über das Schicksal der Gemeinschaft seiner Brüder entscheidet.

Die Freundschaft war das Salz des Widerstandes. Wir liebten einander als menschliche Brüder. Wir wußten also, wie der Haß überwunden werden konnte. Sind wir heute dazu nicht mehr fähig?

Die Gerechtigkeit. Sie kennt ihre Rechte und noch viel mehr ihre Pflichten. Wenn sie straft, dann ist es weder Haß noch Rache. Wer sich rächt, der macht sein Herz böse. Hüten wir uns, daß wir nach dem Sieg über das Böse von ihm angesteckt werden. Lernen wir zu verzeihen.

Die Erinnerung: Vergessen wir für uns und unsere Kinder nie den Schrecken. Und vor allem, laßt nie in der Nächstenliebe nach."

Die Menschen verstehen ihn, aber die Wirklichkeit ist anders. Die düsteren Wolken des Nachkriegselends verziehen sich nur langsam und werden bald neuen Platz machen, die Frankreich in weitere Kriege ziehen, in Asien und in Afrika. Eine Vorahnung davon bekommt Abbé Pierre, als er auf Bitten von Minister Teitgen das französische Schwarzafrika bereist.

Die zum Himmel schreiende Ungerechtigkeit, die die weißen Eroberer auf dem schwarzen Kontinent verschuldet haben, läßt Abbé Pierre Schlimmes befürchten. „Das wird bald aufbrechen", notiert er. Die Schwarzen und die Nordafrikaner haben Seite an Seite mit den Franzosen gekämpft. Daheim werden sie nun wieder behandelt wie Sklaven. Abbé Pierre kann die großen Augen der abgemagerten Kinder nicht mehr vergessen. „Es ist schlimm, soviel Leiden zu hinterlassen." Ein Jahrzehnt später beginnen die Unabhängigkeitskriege gegen die Kolonialherren.

Wieder in Paris trifft Abbé Pierre auf einen Freund aus der Untergrundzeit an der Sorbonne, Michel Habib. Er hatte mit Abbé Pierre die Flucht Comtes nach Spanien vorbereitet. Die Freude war schon deshalb riesengroß, weil Habib den Gefährten für tot gehalten hatte. Seine letzte Information war die über die Festnahme durch die Gestapo. Das konnte nur das Ende gewesen sein. Er schwärmt dem wiedergefundenen Freund vor, wie wichtig es sei, nicht nur durchs Land zu reisen und zu reden, um zu überzeugen. Jetzt müsse gehandelt werden, das neue Frankreich müsse ganz konkret aufgebaut werden.

Handeln, das Wort elektrisierte gewöhnlich Abbé Pierre. Doch Habibs Vorstellungen sind dem Priester fremd. Er soll seine Ideen als Abgeordneter im Palais Bourbon vertreten. Politik wollte der Abbé eigentlich nie treiben. Seelen sind nicht die Sache der Parteien. Sein Vater hatte die Kinder zwar in Pflichtbewußtsein auch gegenüber dem Staat erzogen. Henry Grouès konnte sich noch gut daran erinnern, daß der Vater Stimmenthaltung bei den Wahlen für ein Verbrechen hielt. Dennoch hatte der Sohn noch nie gewählt. Als er das Wahlalter erreicht hatte, war er in der Weltabgeschiedenheit des Kapuzinerkonvents gewesen, und danach hatten keine Wahlen mehr stattgefunden. Das Maquis kannte keine Parlamente. Es träumte nur davon.

Doch gerade deshalb tut sich Abbé Pierre jetzt schwer, nein zu sagen. Er versteht seine Kandidatur als ein Vermächtnis seiner im Widerstand gefallenen Kameraden. Doch von einer Partei will er sich nicht vereinnahmen lassen. Keine Parteipolitik, bitte schön – wenn schon in die Politik gehen, dann nur im Dienst am Menschen, vor allem der Benachteiligten.

Vor der endgültigen Zusage muß er seinen Bischof um Erlaubnis fragen. Das war noch immer Monseigneur Caillot in Grenoble. Dieser antwortet in einem Telegramm: „Bedauere, daß ich selbst keine derartige Verantwortung übernehmen kann. Wenn jedoch von höherer und besser informierter Stelle nicht abgeraten wird, dann habe ich auch keine Einwände." Mit der höheren Stelle ist der Erzbischof von Paris, Kardinal Suhard, gemeint, und der ist bereits von Minister Teitgen „präpariert" worden.

Abbé Pierre konnte also kandidieren. Die MRP, die sich immerhin als christliche Partei präsentierte, hätte ihn gerne als Vollmitglied gewonnen. Doch der störrische Abbé will sich seine Freiheit im Denken und Handeln nicht einschränken lassen. Disziplin ist nicht seine

Sache, warum sollte es ausgerechnet Parteidisziplin sein.

Jetzt galt es nur noch einen passenden Wahlkreis zu finden. Wieder sorgt Teitgen für eine Lösung, wie sie typisch für das zentralistisch regierte Frankreich ist.

Die Pariser Parteihauptquartiere verteilen die Plätze und setzten die Kandidaten in den Wahlkreisen nach eigenem Gutdünken von oben fest, wie durch Fallschirmabsprung werden die Kandidaten plaziert, Parachutes. Dafür hat sich das Verb „parachuter" eingebürgert. Abbé Pierre wird also an die Spitze der MRP-Liste von Meurthe-et-Moselle parachutiert. Dort war bisher Teitgens Vater Platzhirsch. Der konnte problemlos in Rennes aufgestellt werden.

Abbé Pierres Unabhängigkeit war total. Selbst der Bischof von Nancy, dem er eine Art Antrittsbesuch vor dem Beginn des Wahlkampfes abstattete, regte keinen Finger für ihn. „Ich habe keinen Einwand. Ich werde mich aber auch nicht für Sie einsetzen. Kichenrechtlich betrifft mich das nicht. Das ist Ihre Verantwortung." Der Abbé hatte sich letztlich nichts anderes gewünscht.

Der Druck aus Paris nahm zu, er möge doch der MRP beitreten. Doch der Abbé blieb sich treu und baute schon am Rückzug: „So politisch unerfahren, wie ich bin, kann ich überhaupt nicht absehen, wie ich Einfluß auf die Entscheidungen der Partei nehmen kann. Wenn sie anders ausfallen, als ich für richtig halte, werde ich nicht mehr mitmachen."

Die Töne, die nun der „rechte" Abbé in den Bergarbeiterstädten anschlug, standen gewiß nicht in einem Programm der konkurrierenden Parteien. „Der Ewige ist die Liebe. Die Zukunft ist mehr als nur das, was künftig geschieht. Sie ist die Zeit, in der wir zu lieben lernen, damit wir den Hunger und den Durst in uns stillen können."

Besser verstanden wird der Abbé allerdings, als er die Arbeit als das Mittel preist, „das von dem Druck der Kapitalmächte befreit. Ihr Geld muß wieder der Arbeit des Menschen zur Verfügung gestellt werden, und die Arbeit muß dem Menschen dienen. Nicht mehr darf der Mensch durch die Arbeit in den Dienst des Geldes gestellt werden." Derart klassenkämpferische Worte konnte wirklich nur ein Reicher, der freiwillig arm geworden war, anschlagen und dennoch für eine rechte Partei werben.

Abbé Pierre hatte Erfolg und wurde mit 33 Jahren ins Parlament gewählt. Die neugegründete MRP kam auf Anhieb auf 143 Sitze, doch die Kommunisten erreichten 148. Die bürgerlichen Altparteien der Vorkriegszeit, die Erben der III. Republik, erlitten eine herbe Niederlage, von der sie sich nie wieder erholten. Gegen den Helden der Befreiung, der Libération, den vorläufigen Regierungschef General Charles des Gaulle, konnte keine neue Regierung gebildet werden. Er formierte als erster Nachkriegs-Ministerpräsident der Übergangszeit zwischen III. und der IV. Republik eine große Koalition aus seiner MRP, den Kommunisten und den Sozialisten.

Was tat der Abbé-Député als erstes nach der Wahl? Er zog klare Grenzen. Er wollte nicht verschiedene Ämter anhäufen und gab ein Beispiel, das bis heute kaum befolgt wird, weshalb per Gesetz die einnahmeträchtigen Mandate pro Politiker auf drei begrenzt werden mußten. Abbé Pierre legte sein Amt als Militärseelsorger nieder. Unmittelbare Folge: Er und seine Mitarbeiterin Lucie Coutaz waren obdachlos.

Schöner Auftakt für einen Curé-Abgeordneten. Doch der vertraute auf Gott und das Organisationstalent von Mademoiselle Coutaz. Die fand denn auch im schicken Quartier Latin eine passende Wohnung. Die Besitzerin fühlte sich so lange durch einen Mieter, der Abgeordneter war, geehrt, bis im Jahr darauf zahlungskräftige Amerikaner den doppelten Preis boten. Da saß der Abbé wieder auf der Straße.

Diesmal half ein Richter aus, der vorübergehend nach Afrika versetzt wurde. Er wollte seine Pariser Wohnung gleich hinter dem Invalidendom nicht aufgeben und war froh, einem Abgeordneten einen Teil des Appartements vermieten zu können. Den Rest reservierte er sich für den Heimaturlaub, der dann auch im nächsten Jahr das Ende dieser Adresse für Abbé Pierre markieren sollte.

Der Bastler im Mann hatte den Abbé nicht ruhen lassen. Ausgerechnet im Badezimmer werkelte er herum und baute die freien Wände mit Regalen zu. Als Madame zu den Sommerferien an ihrer Wohnungstüre klingelte, dauerte es ziemlich lange, bis der Mieter erschien, einen Hammer in der Hand und Nägel zwischen den Lippen. Madame traf fast der Schlag. „Herr Abbé, das ist doch nicht die Art eines Pfarrers!" „Warum nicht? Der Vater von Jesus war doch auch Zimmermann." Das Mietverhältnis war abrupt beendet.

Dieses Mal war es schwieriger, eine neue Wohnung zu finden. In Paris war Wohnraum knapp, und die geforderten Mieten hätten die ganze Abgeordnetendiät aufgebraucht. Ein Makler sah nur einen Ausweg, den später Millionen Hauptstadtbewohner ebenfalls einschlagen mußten. Raus in die Banlieu, an den Stadtrand. Im armen Osten der Stadt fand sich für den geradezu lächerlichen Preis von 50 000 alten Francs ein zweigeschossiges Herrenhaus auf einem halben Hektar großen Grundstück. Der Ort hieß Neuilly-Plaisance. Das Haus war schon vor dem Krieg verlassen worden und in einem heruntergekommenen, baufälligen Zustand, der Garten völlig verwildert, also das richtige für den Abbé, der als Junge „grübelnder Biber" genannt worden war.

Lucie Coutaz warnte vor dem Dschungel. Der künftige Hausherr dachte aber mehr an den gesunden Schweiß, den er vergießen würde, wenn ihm die Arbeit in der Politik mal wieder zu sehr auf die Nerven gehen sollte. Also wurde zugegriffen. Von hier aus pendelte er nun an den Sitzungstagen in die Nationalversammlung. In der Freizeit hämmerte und nagelte er, setzte Fenster ein, reparierte Leitungen und stützte Decken ab.

Der Abbé muß viel Grund zum Schwitzen gehabt haben. Die Dispute im Hohen Haus der Nationalversammlung ödeten ihn mehr und mehr an. Das Gemeinwohl, das doch im Mittelpunkt stehen sollte, hatte schnell den parteipolitischen Intrigen, der Taktik und der Strategie Platz gemacht. Es galt, die besten Ausgangspositionen für den nächsten Urnengang zu schaffen. Der wartete bereits im nächsten Jahr, zuerst im Juni 1946 zur Verfassungsgebenden Versammlung und im Herbst dann zum Volksentscheid über die neue Verfassung für die IV. Republik.

Abbé Pierre dachte aber nicht an die Verfassung der Republik, sondern an die Verfassung der Hungernden. Für die konnte er auch als Abgeordneter wenig ausrichten. Seine Interventionen wurden selbst von der „eigenen" Partei eher als störend empfunden. Dennoch wollte sie auf das Zugpferd Abbé Pierre nicht verzichten. Parteifreunde leisteten hartnäckig Überzeugungsarbeit, um ihn endlich zum Beitritt zur MRP zu überreden. Die heimliche Hoffnung war wohl, daß der Widerspenstige dann besser zu zähmen wäre. Abbé Pierre ließ sich schließlich von der christlichen Orientierung der Volksbewegung überzeugen, wurde Parteimitglied und kandidierte wieder in Nancy.

Bei seinen Wählern hatte er inzwischen festes Vertrauen gewonnen. Einen wichtigen Anteil daran hatte sein Abgeordnetenbüro, das tageweise von Lucie Coutaz versorgt wurde. Ihre Kenntnisse als frühere Gewerkschafterin erleichterten nicht nur den Kontakt mit der Wählerbasis. Sie konnte auch manchen wertvollen Rat erteilen, wo der Abbé mit seiner Weisheit am Ende gewesen wäre.

Abbé Grouès-Pierre, Mitglied der MRP und Abgeordneter, wird wiedergewählt. Die Wähler konnte er überzeugen, sich selbst aber nicht. „Warum bin ich nur hier?" fragte er sich oft, wenn er das leere Geschwätz fern der Wirklichkeit des Landes, wie er sie sah, anhören mußte.

Der Abgeordnete Grouès ist beliebt im weiten Halbrund der Nationalversammlung. Er wird geschätzt, doch er paßt nicht in diese Ränge, wenn er im Namen all derer spricht, die „nicht in diesem Halbkreis sitzen, die aber morgen wissen wollen, womit sich ihre Abgeordneten beschäftigt haben. Wenn sie es erfahren, dann können sie es nur als lächerlich und skandalös empfinden. Frankreich ist zerstört. Die Menschen leiden und hoffen und schauen auf Sie. Denken Sie an sie." Ein Rufer in der Wüste.

Dafür antwortet die Straße. De Gaulle hat bereits das Handtuch geworfen und ist zurückgetreten. 1947 kündigt sich als schwieriges Jahr an. Große Teile der Ernte werden durch Hagel vernichtet. Die Preise steigen, bis Präsident Vincent Auriol zu einem Weizenkreuzzug aufruft. Doch die Notmaßnahmen gegen den Hunger reichen nicht. Im ganzen Land kommt es zu Streiks. Abbé Pierre gibt das meiste seiner Diäten den Armen und warnt die Nationalversammlung vor halbherzigen Lösungen. „Wir müssen eine gerechte Gesellschaft schaffen. Wenn wir das nicht tun, wird es immer wieder Streiks geben, denn die wichtigste Ursache ist das Elend, und dagegen zu kämpfen ist legitim." Einen bescheidenen Erfolg erzielt er bei der Abstimmung über eine

Amnestie für Nazikollaborateure. Er will keine pauschale Straffreiheit, er will Gerechtigkeit. Er kann die vielen Freunde und Vertrauten nicht vergessen, die verfolgt, gefoltert und getötet worden sind. Die Amnestie wird begrenzt.

General de Gaulle hat inzwischen die Rückkehr in die Politik beschlossen. Er gründet eine neue Bewegung, das Rassemblement du Peuple francais, RPF. Die Volkspartei MRP geht in ihr auf. Mit ihr verabschiedet sich eine Parteirichtung zum Beginn des Wiederaufbaus nach dem Zweiten Weltkrieg, wie sie in den Nachbarländern Deutschland und Italien zur maßgeblichen Kraft wurde: die Christdemokratie. De Gaulle hat andere Ziele, auch wenn er strenger Katholik ist. Er möchte Frankreich eine neue Größe schenken nach der Schmach der Niederlage gegen die Deutschen. Er macht Frankreich im nachhinein zur Siegermacht neben den USA, der Sowjetunion und Großbritannien. Zur großen Gründungsversammlung der gaullistischen Bewegung in Straßburg fährt Henry Grouès zwar im Zug mit. Doch er steigt in seinem Wahlkreis in Nancy aus. Etwas Weitergehendes ist nicht mehr seine Richtung.

Als Abgeordneter hat er die Möglichkeit zu internationaler Arbeit. Nationales Denken ist diesem französischen Patrioten fern. Die Résistance war für ihn kein Kampf um nationale Größe. Es war ein Kampf für den Menschen. Auch wenn das Echo in Frankreich schnell verhallt, so wird der nonkonformistische Abgeordnete-Pfarrer oft zu Vorträgen in die ganze Welt eingeladen. Er wird stellvertretender Vorsitzender der Weltföderalisten, spricht vor Jugendlichen und Studenten. Er bringt einer Generation Hoffnung, die vor und in dem Krieg geboren und aufgewachsen ist und deren seelische Wunden ihr ganzes Leben lang nicht völlig heilen können.

In Princeton, USA, trifft er mit Albert Einstein zusammen. Er findet ihn sehr nachdenklich. Die Atombombe, die rasende Entwicklung der Technik werden die Welt verändern. Beide sind sich einig, daß der Krieg Umwälzungen nach sich ziehen werde, die keiner bisher für möglich gehalten hat. Einstein teilt die Ahnungen des Abbé Pierre, daß die rückständigen Völker, die sich im Kampf gegen den Naziterror mit den Industrienationen vereint hatten, sich nicht mehr in die Abhängigkeit des Kolonialzeitalters zurückschicken lassen. Die Panzer und Flugzeuge, die Kriegstechnologie, der technische Fortschritt und die Technikgläubigkeit haben Appetit geweckt. Gleichzeitig hat der Krieg allen Völkern ihre gegenseitige Abhängigkeit vor Augen geführt. Keiner lebt mehr auf einer Insel, auch wenn es viele Staaten, die von den nationalen oder individuellen Machtambitionen ihrer Regierenden gebeutelt werden, noch lange nicht wahrhaben wollen.

Abbé Pierre träumt von einem Gegenmodell. Eine Insel der Freundschaft, der Begegnung und der Motivation für die junge Generation will er in seinem neuen Domizil, in der 38 Avenue Paul Doumer schaffen. Das Haus ist viel zu groß für ihn und Lucie Coutaz, findet er jedenfalls. Ihnen reichen doch zwei Räume. Nachdem er es einigermaßen hergerichtet hat, zieht ins Erdgeschoß ein befreundeter Senator, der ähnlich auswegweisenlos eine Wohnung gesucht hatte. Doch je mehr Räume saniert und tapeziert sind, desto häufiger durchkämmt der Abbé die Pariser Flohmärkte. Er kauft von seinen Abgeordnetendiäten, was ein gastliches Haus alles brauchen kann. Vor allem Betten. Bis zu 50 braucht er an manchen Wochenenden, wenn die jungen Leute aus der Stadt dem Tip von Kollegen folgen und ins zwölf Kilometer vor Paris liegende Neuilly-Plaisance ziehen. Sie diskutieren und begeistern sich für eine bessere, eine gerechtere Welt.

Aus dem Gartendschungel wird bald ein Zeltlager. Damit die Nachbarn sich nicht beschweren und die Polizei das fröhliche und bisweilen recht lautstarke Treiben in der zu neuem Leben erweckten Villa nicht verbietet, holt Abbé Pierre eine amtliche Genehmigung zur Beherbergung ein. Das Bistum Versailles segnet die von dem Curé formal als Träger gegründete „Vereinigung für kulturelle Begegnungen" ab. 1949 zählt der Abbé bereits siebentausend Übernachtungen. Das Haus ist inzwischen sogar Mitglied des Jugendherbergsverbandes.

Abbé Pierre ist glücklich. Nur der Name für die Begegnungsstätte will ihm nicht richtig gefallen, er ist zu profan und sagt zu wenig über den Geist aus, der sie beleben soll. Er sinniert tagelang. Die sich langweilig dahinziehenden Sitzungen in der Nationalversammlung bieten genug Zeit. Er denkt an die Studenten, die ihn besuchen, und an ihre Situation. Sie zweifeln. Sie mißtrauen den Älteren. Sie suchen. Glauben sie überhaupt noch an Gott, nach diesem Krieg? Dem Abbé fällt dazu nur ein Vergleich ein. Es ist dieselbe Lage wie die der Jünger Christi nach dessen Kreuzestod. Sie zogen angsterfüllt und tief enttäuscht von Jerusalem weg, bis ihnen im Ort Emmaus der Auferstandene begegnete.

Jesus lebt. Folgt seinem Beispiel der selbstlosen Liebe. Das war doch die Botschaft von Emmaus. Warum also nicht programmatisch „sein" Haus der Nächstenliebe so benennen? Die Idee fasziniert den Abbé. Er eilt heim, pinselt „Emmaus" auf ein Brett und nagelt es über die Haustür. Was daraus werden sollte, ahnt er nicht, weil er auch gar nicht soweit in die Zukunft denken will. Komme, was kommen mag.

7. Der Freund eines Mörders

„Ich will sterben. Ich will sterben. Kannst du das verstehen, du als Pfarrer?" Ja, verstehen konnte Abbé Pierre diesen Mann, der sich umbringen wollte, weil er glaubte, daß sein Leben keinen Sinn mehr hatte. Er war gerade mal 40 Jahre alt, sah aber aus wie 60.

Stockend erzählte er sein Leben. Als Kind hatte er sehr an seiner Mutter gehangen. Er hatte erleben müssen, wie der Vater trank, anderen Frauen nachstieg und im Suff die Mutter schlug. Sie hatte nicht mehr ein und aus gewußt und wollte nur noch Rache üben. Darum besorgte sie sich einen Revolver und legte ihn im Nachttisch bereit. Der Sohn wuchs heran, verliebte sich und wollte heiraten. Doch das Mädchen verließ ihn ohne ersichtlichen Grund. Dann heiratete er eine andere, ohne sie wirklich zu lieben. Ein anonymer Brief öffnete ihm die Augen über die verlorene Liebe. Die Geliebte seines Vaters hatte die unglaublichsten Dinge über ihn in die Welt gesetzt, das Mädchen vertrieben und so sein Glück zerstört.

Nun wollte er sich rächen und erinnerte sich des Revolvers seiner Mutter. Er überraschte die Frau mit seinem Vater, doch als er schoß, traf er den eigenen Vater, der sich schützend vor seine Geliebte warf. Für den Vatermord wurde der Sohn zu lebenslänglicher Zwangsarbeit in der Hölle von Cayenne in Südamerika verurteilt.

„Ich wurde vorzeitig entlassen, begnadigt, weil ich bei einem Brand einen Mann gerettet hatte. So was gibt es sogar im Knast. Doch meine Heimkehr war traurig. Keine Freunde mehr. Meine Frau war längst bei einem anderen. Niemand wollte mehr etwas von mir wissen, nicht einmal meine Tochter, eine bildhübsche junge Frau, die mir noch die schönsten Briefe ins Gefängnis geschickt hatte. Doch so eine elende, gebrochene Gestalt hatte sie nicht erwartet. Sie hatte sich ihren Vater ganz anders vorgestellt und lehnte mich ab. Als ich sie umarmen wollte, stieß sie mich zurück. Was soll ich also noch?"

Darauf wußte Abbé Pierre zunächst keine Antwort. Einen billigen Trost wollte er nicht spenden. Ein junger Mann aus der christlichen Arbeiterjugend hatte ihn alarmiert und in aller Eile zu dem Mann gebracht, weil dieser ständig drohte: „Ich bringe mich um, ich bringe mich um." Nur der Abbé könne ihn davon abhalten. Doch was sollte der in dieser Situation tun? Die Wahrheit sagen?

„Ich kann dir nichts geben. Aber du, der du dich umbringen willst, bist doch frei und kannst tun und lassen was du willst. Ich suche dringend jemand, der mir hilft. Ich kann fast nicht mehr. Ich will helfen, gerade jenen Müttern, deren Kinder krank sind, deren Männer saufen oder die nahezu obdachlos in Kellerlöchern leben müssen. Ich würde ihnen gerne helfen, aber allein schaffe ich es nicht. Willst du mir helfen? Wir zwei könnten sie aus der Hölle holen."

Abbé Pierre wunderte sich selbst über seine Worte. Sie kamen ihm spontan und verfehlten ihre Wirkung nicht. Georges Legay, der Vatermörder, der von allen Verlassene und Vergessene, der zu nichts mehr taugende Sträfling sollte nützlich sein, sollte jemandem helfen können? Er sollte gebraucht werden? Das Leben, an dem er doch so hing, sollte einen Sinn bekommen? Er sagte ja und ging mit dem Abbé.

Lucie Coutaz war nicht gerade begeistert, als die beiden im „Emmaus" eintrafen. Sie kannte Abbé Pierres Plan für die Obdachlosen. Doch ausgerechnet mit einem freigelassenen Vatermörder statt mit Zimmerleuten und Maurern anzufangen, das schien der pragmatischen Frau nun nicht gerade sehr sinnvoll, eher eine gewaltige Belastung. Der Abbé setzte sich durch. Die erste Emmaus-Gemeinde war gegründet, sie bestand aus ihm und Georges.

Die Wochenendbegegnungen mit Studenten reichten dem Tatendrang des Abbés schon lange nicht mehr. Die Not um ihn herum erforderte andere Mittel. Er wollte nicht mehr länger zusehen. Menschen lebten unter Brücken, unter Blechverschlägen, den Bidonvilles aus alten Kanistern und Büchsen und allem, was etwas Schutz bieten konnte.

Georges war ein Gottesgeschenk. Der auf so ungewöhnliche Weise gefundene erste Helfer, mußte mühsam aufgerichtet werden. Immer wieder beteuerte er: „Pater, Sie haben meinem Leben wieder einen Sinn gegeben." Oft stritten sie sich dennoch. Immer wieder wollte Georges abhauen. Immer wieder holte ihn der Abbé gleich an der Tür wieder zurück. Eigentlich wollte er ja gar nicht weg. Er wollte nur lange Zeit nicht glauben, daß der Pater ihn wirklich akzeptiert hatte. Kleinigkeiten konnten große persönliche Krisen auslösen, etwa wenn Georges vor der gemeinsamen Meßfeier heimlich den Meßwein getrunken hatte.

Das seltsame Paar wurde bald in ganz Neuilly-Plaisance bekannt. Besonders erfreut war niemand, aber nützlich konnten der Abbé und sein Georges dennoch sein. Man schickte ihm alle Clochards und Bettler und wußte schließlich bald, daß er keinen vor der Tür stehen ließ. Sie bekamen Essen, ein Bett für eine Nacht oder so lange, wie sie bleiben wollten. Abbé Pierre fragte nicht nach woher und wohin. Er half und konnte es sich einigermaßen leisten. Die Abgeordnetenbezüge deckten die bescheidenen Kosten.

Bald waren es fünf Männer, die bleiben wollten: Georges, Auguste, Paul, César und Jules. Compagnon nannten sie sich später, Gefährten. Harmlos war keiner, und Lucie Coutaz mußte all ihre Energie aufbringen, um mit ihnen fertigzuwerden, wenn der Abbé in der Nationalversammlung war oder auf Reisen. Auguste, den sie „Moustique", Moskito, nannten, konnte bösartig werden, wenn er schon ein Glas Wein intus hatte. Dann reichte das geringste Wort, um ihn zum Rasen zu bringen. Dann wollte er César auf der Stelle umbringen.

Moskito war ein ehemaliger Widerstandskämpfer, der nach dem Krieg keinen Anschluß mehr gefunden hatte und völlig alkoholisiert bei Emmaus landete. Die letzte Chance.

César dagegen hatte an der Ostfront mit den Deutschen gegen die Russen gekämpft. Er gehörte zur Legion Charlesmagne, einer SS-Division aus Ausländern. Wenn die beiden aneinander gerieten, half Abbé Pierre keine Geduld mehr. Er schlug mit seinem Spazierstock, neben der Pelerine und der Baskenmütze sein äußerliches „Markenzeichen", auf die Streithähne ein. Das half, und nach und nach wurden aus menschlichen Wracks zwar keine Musterknaben der christlichen Nächstenliebe, „aber Menschen, die wieder aufrecht gingen". Abbé Pierre bleute ihnen immer wieder ein: „Das einzige, was ihr geben könnt, ist auch das Wichtigste, das Wahre: zuerst denen zu helfen, die am meisten leiden."

Und Abbé Pierre war überglücklich, als er sie einmal

zufällig belauschte, wie sie sich allein wähnten und offen darüber sprachen, was ihnen hier widerfahren war. „Verstehst du, das hier ist ehrlich."

In solchen Worten erkannte er dann eine „pure, wenn auch ganz andersartige Verehrung Gottes. Hier war Christus." Nicht die Predigt und nicht fromme Werke, sondern den Hungrigen, den Häßlichen, den Ausgestoßenen zu essen und zu trinken geben, das war Abbé Pierres Methode. Als er einmal gefragt wurde, ob er zu seinen Typen auch predige, ob er schon einmal mit ihnen über Gott gesprochen habe, antwortete er trocken: „Ich wenig, sie aber häufig." Er hatte aus Bettlern gebende Menschen gemacht. Sie fanden dabei ihre Würde wieder. Moderner formuliert: Sie wurden resozialisiert, obwohl alle fünf dem Alkohol verfallen waren, immer wieder rückfällig zu werden und in ihr altes Leben abzudriften drohten. Abbé Pierre und vielleicht noch mehr Lucie Coutaz, die die Hausgenossen Lulu die Schreckliche oder Kontrollturm nannten, hatten kein leichtes Leben. Aber es lohnte sich, und auch künftig würde keiner von der Tür gewiesen.

Wer bleibt, arbeitet mit. Es gibt viel zu tun. Material sammeln für Erweiterungsbauten. Alles, was brauchbar erscheint, wird aufgearbeitet. Bald entstehen Räume für hundert ständige Bewohner. Doch der Winter rückt näher, und der Andrang von Bittenden wird immer größer.

Als Abgeordneter erfährt Abbé Pierre manches schneller, als es in der Zeitung steht. So wird ihm zugetragen, daß die von den Deutschen 1940 gebauten Kasernenbaracken in Saint Denis im Norden von Paris versteigert werden sollen. Abbé Pierre fährt mit seinem alten und klapprigen Auto hin – seinen Citroen, der ihm als Abgeordneter zur Verfügung gestellt wurde, hatte er verkauft

– und erhält den Zuschlag für 200 000 Francs. Er hat aber nur 40 000 bei sich. Statt des Geldes zückt er seinen Ausweis als Curé und Abgeordneter. Das wirkt. Er darf die Baracken übernehmen und sich zwei Monate Zeit zum Zahlen lassen. Er weiß auch schon, wie er die fehlende Summe zusammenbringen kann: Abbé Pierre geniert sich nicht, in der Nationalversammlung unter seinen erlauchten Kollegen Deputierten die Hand aufzuhalten. Seinem Betteln können die wenigsten widerstehen, und die Schulden können tatsächlich bald bezahlt werden.

Der Winter 1949 wird eiskalt, in jeder Beziehung. Abbé Pierre, der Sohn reicher Eltern, macht eine neue bittere Erfahrung mit dem Staat, dem er doch eigentlich als Abgeordneter dient. Es schneit, daß man keinen Hund vor die Tür schicken will, als er von einer Familie erfährt, die auf die Straße gesetzt worden ist. Sie konnte die Miete nicht mehr bezahlen. Der Wohnungsbesitzer machte gnadenlos von seinem Recht Gebrauch und erwirkte einen Räumungsbescheid. Die Möbel landeten im Straßenschlamm. Die Eltern mit drei kleinen Kindern und der Großvater saßen schlotternd vor Kälte am Straßenrand und wußten in ihrer Verzweiflung nicht mehr ein und aus. Der Deputierte Abbé Pierre versuchte es zunächst mit seinem Einfluß als Abgeordneter bei den verschiedensten Behörden. Sie sollten entweder die Ausweisung rückgängig machen oder ein Ausweichquartier vermitteln. Doch man hatte nur billige Ausreden zur Antwort. „Wir können nicht anders. Das ist rechtens. Wir haben auch keine leeren Wohnungen."

Das Haus „Emmaus" war schon überfüllt. Es gab nur eine einzige Möglichkeit, die Obdachlosen aufzunehmen. Abbé Pierre räumte den Raum, der vorläufig, bis zum Bau einer eigenen Kapelle, für die Meßfeier benutzt wurde. Er packte Tabernakel und Kreuz zusammen und stellte sie in einen Winkel auf dem Speicher ab. Das mußte über den Winter für die Messen reichen. Die alten Compagnons wunderten sich, „wie er mit dem Jesus umgeht".

In der ehemaligen Behelfskapelle wurden Betten aufgestellt, Wasser angeschlossen und Gas bereitgestellt. Die sechs Armen konnten einziehen. Sie blieben bis zum Frühjahr. Die Wohnungslage hatte sich 1950 auch bei milderen Temperaturen nicht geändert. Es mußte etwas geschehen, damit diese Familie wieder ein Zuhause bekam.

Abbé Pierre ging zur Bank und nahm auf seine Abgeordnetenbezüge einen Kredit auf, um ein verlassenes, mit allerhand Schrott bedecktes Grundstück unterhalb der Bahnbrücke im benachbarten Neuilly-sur-Marne zu kaufen. Hier sollte das erste Haus entstehen, das Emmaus für Hilfsbedürftige erbaute, sozusagen der Grundstein für das später in 42 Ländern der Welt vertretene Obdachlosenhilfswerk Emmaus.

Doch die Bürokratie will auch hier zu ihrem Recht kommen. Das Gelände hat weder Wasser- noch Strom-, Gas- oder Abwasseranschluß. Eine Baugenehmigung könne nicht erteilt werden. Immerhin, Abbé Pierre hatte noch darum eingereicht. Doch am Ende kapitulieren auch die stursten Bauamtsleiter vor dem Abbé-Abgeordneten. Er darf ein Haus von sechs auf sieben Meter Grundfläche bauen. Nicht gerade üppig für eine sechsköpfige Familie. Aber immerhin, es ist genehmigt. Das Weitere wird man sehen. Und wie. Bis Weihnachten 1950 steht ein Haus mit 15 Zimmern und Nebenräumen, klein, einfach, aber mit Platz für fünf Familien.

Wie er und seine Compagnons dies geschafft haben? Sie konnten auf die seltsamste Hilfe bauen, wenn es mal wieder vorne und hinten an Baumaterial fehlte.

Mit diesem Haus verbindet sich auch ein Schlüsselerlebnis, das Abbé Pierre noch im Alter von 83 Jahren auf die Frage erzählt, wie er sich erklären könne, daß er als katholischer Priester in einem doch sehr laizistischen Land in Umfragen Jahr für Jahr zum beliebtesten Franzosen erklärt würde.

„Das kann man auf tausenderlei Arten erklären. Die einfachste und wahre ist ein Beispiel. Wir brauchten an einem Samstag Zementblöcke, um am nächsten Tag mit dem Bau eines Hauses beginnen zu können. Da meldete sich ein Arbeiter, er kenne einen, der ganz in der Nähe solche Blöcke herstelle. Er könne uns vielleicht einige abgeben. Ich wurde aber gewarnt. Er sei antiklerikal. Ich ging trotzdem hin."

Der Maurer war ein Koloß von Mann, ein Einwanderer aus Italien. „Er empfing mich mit den Worten: Sie sind der erste Priester, den ich in mein Haus lasse." Dann erzählte er, es gäbe „so viele Ungerechtigkeiten in der Welt und speziell in Ihrer Kirche". Neulich sei hier ein reicher Unternehmer gestorben. „Seine Skandale waren stadtbekannt. Doch wahrscheinlich hat er der Kirche Geld zugesteckt. Er bekam eine großartige Beerdigung mit vielen Priestern, obwohl jeder wußte, welch schlechtes Leben er geführt hatte und wie verachtet er war. Einige Tage später starb eine alte, arme Frau. Sie galt als Engel des Viertels. Sie pflegte ihren kranken Mann und besuchte die Kranken in der Umgebung. Aber weil sie arm war, war ihre Beerdigung in einer Viertelstunde vorbei."

Abbé Pierre kannte diese Wirklichkeit. Er wollte aber nicht einen alten, verbitterten Atheisten bekehren, sondern Bausteine holen. Er erklärte ihm deshalb den Grund des Kommens. „Er gab mir das Material, nahm aber kein Geld an. Als ich gehen wollte, packte er mich an der Schulter und sagte voller Emotion in der Stimme: ‚Ich weiß nicht, ob es einen Gott gibt. Aber wenn es einen gibt, dann bin ich sicher, dann ist er das, was Sie tun, nämlich sich für die Armen einsetzen und an einem Sonntag ein Haus für eine arme Mutter und ihre Kinder bauen.'"

Das Haus wurde also fertig, aber statt der geforderten sechs Meter gingen die Compagnons auf 22. Als der Bauinspektor kam, befand er das „Haus an der Brücke" für illegal und kündigte dessen Abriß an.

„Dann reißen Sie es selbst ab", antwortete Abbé Pierre und drückte dem feinen Monsieur l'Inspecteur eine Schaufel in die Hand. Der schaute ungläubig, warf sie weg und machte auf dem Absatz kehrt. Das Haus blieb stehen. Doch der Vorfall sprach sich herum. Warnende Stimmen, vor allem unter den Kollegen Abgeordneten, ermahnten den Abbé, nun aber endlich mit seiner Eigensinnigkeit Schluß zu machen.

Sie hatten nichts verstanden oder wollten am liebsten die Augen vor dem verschließen, was sie selbst zu verantworten hatten. Die Wohnungsnot im Frankreich der ausgehenden 40er und am Anfang der 50er Jahre hätte längst gemildert sein können. Statt dessen konnten sich nicht einmal mehr alle Facharbeiter eine Wohnung leisten. Junge Arbeiterfamilien hatten überhaupt keine Chance auf eine noch so kleine Wohnung. Zusammengepfercht lebten unter unwürdigsten Umständen Alt und Jung zusammen.

Abbé Pierre wußte ein Lied vom Leid der zerbrochenen Ehen, von Männern, die in ihrer Misere dem Suff und der Gewalttätigkeit verfallen waren, zu singen. Doch der Staat wollte nichts davon wissen, weil er das Geld für den Wohnungsbau anderweitig verpulvert hatte. Das Geld aus dem Marshall-Plan war nicht in Frankreich zum Wiederaufbau verwendet worden, sondern zur Finanzierung des Krieges in Indochina, den dann zuerst die Franzosen und danach die amerikanischen Spender 1975 in Saigon endgültig verlieren sollten.

Auf der Strecke waren nicht nur Tausende von Soldaten geblieben, sondern unzählige Menschen waren auch in der Heimat zerbrochen: Staatsräson, wie Charles de Gaulle einmal dem Abbé Pierre erklärt hatte, als der sich für hungernde Babys statt für Kriegsziele einsetzen wollte. In Paris werden Anfang der 50er Jahre 200 000 obdachlose Männer und Frauen mit zusammen 600 000 Kindern gezählt.

8. Politiker, Bettler, Lumpensammler

Nein, Freude hatte Abbé Pierre an der Politik nie gehabt. Die Politiker an ihm aber auch nicht. Er war bekannt. Man konnte ihn als Feigenblatt für ein soziales Engagement benützen, das dann doch nicht gehalten wurde. Viel mehr aber nicht. Das Ende dieser Karriere war also vorprogrammiert.

Zuviel Ärger hatte der Abbé gemacht, weil er sich um keinen Preis der Fraktionsdisziplin unterwerfen wollte. 1949 lehnte er es ab, dem Beitritt Frankreichs zur neugegründeten NATO zuzustimmen. Er wehrte sich gegen „die verhängnisvollen Folgen der zwei Blöcke". Als in der Sowjetunion der stalinistische Kurs immer deutlicher wurde und die französischen Kommunisten Stalin folgten, ohne allerdings die Greuel zu kennen, die er angerichtet hatte, suchte der christlich-demokratische Abgeordnete Grouès-Pierre weiter den Dialog mit den Kommunisten, auch wenn er sie politisch offen bekämpfte.

Als im Parlament über die Wehrdienstverweigerung aus Gewissensgründen abgestimmt wurde, zeigte er sich als vehementer Verfechter der Gewissensentscheidung und fand darin, einer der wenigen Fälle, Zustimmung bei General de Gaulle. Der hatte allerdings ganz andere Gründe. Er wollte „diese demoralisierenden Kräfte nicht in den Kasernen sehen".

Militärische Justiz verstand der Abbé sowieso nicht.

Gerade als Umkehrung seiner Wertvorstellungen empfand er es, als ein Pariser Militärgericht einen jungen Zeugen Jehova verurteilte, der den Militärdienst ablehnte, weil er nicht töten wollte, und ein deutscher Soldat, der auf Befehl Geiseln erschossen hatte, vom selben Gericht freigesprochen wurde.

Zusammen mit André Gide und Albert Camus setzte er sich für die Aufnahme Rotchinas in die UNO ein, weil man 500 Millionen Menschen nicht einfach ignorieren könne. Abbé Pierre war ein konsequenter, in den Augen seiner „Parteifreunde" ein uneinsichtiger, unverbesserlicher Pazifist.

Um die Vorteile eines Abgeordneten nützen zu können, ohne ständig in Konflikt mit der MRP zu stehen, bildete er mit zwei gleichgesinnten Abgeordneten eine unabhängige Gruppe. Die Legislaturperiode bis Mitte Juni 1951 wollte er so noch beenden. Doch danach?

Immer mehr spürte Abbé Pierre, daß er nur noch für seine Armen dasein wollte, für die Not, die er mit Emmaus lindern konnte. Er ließ sich zwar noch einmal auf einer Liste von Unabhängigen für die Wahl am 17. Juni 1951 aufstellen. Die Kommunisten kommentierten gehässig: Die Liste der Clochards. Doch gleich wie die Wahlen ausgingen – seine Liste verlor –, er wollte das Mandat auf keinen Fall mehr annehmen. Dabei blieb es für den Rest seines Lebens, obwohl ihm später ein erfolgversprechender Listenplatz für das Europaparlament angeboten wurde.

Der Abschied blieb ihm dennoch in guter Erinnerung. Bei einer Kundgebung in Lothringen wurde er von einem Teilnehmer schwer beleidigt. Da erhob sich aus der Zuschauermenge ein krank aussehender, blasser und spindeldürrer Mann und ging zum Mikrofon: „Ich werde Abbé Pierre nicht wählen. Ich stimme für die Sozialisten.

Ich kann es aber nicht ertragen, daß man Sie so unverschämt beleidigt. Sie kennen mich nicht. Ich bin Rabbi. Während des Krieges habe ich Ihnen meine jüdischen Brüder geschickt, und Sie haben sie über die Berge gebracht. Eines Nachts wollte sich ein Freund von mir der Gruppe anschließen. Er hatte aber keine Schuhe mehr. Sie haben ihm die eigenen gegeben und sind barfuß ins Pfarrhaus zurückgegangen. Gott sei gelobt, daß er mir erlaubt hat, Ihnen öffentlich meine Anerkennung zu zeigen."

Der unerfreuliche Politikausflug des Abbés mit den urchristlichen Wertvorstellungen war also beendet. Er kehrte nach Neuilly-Plaisance zurück und war darüber keineswegs unglücklich. Künftig fehlten zwar die Abgeordnetenbezüge, und Lucie Coutaz mußte eine Halbtagsarbeit annehmen. Die livrierten Diener der Nationalversammlung brauchten nicht mehr den alten Renault des Abbé-Curé im Hof des Palais Bourbon anschieben, weil der Anlasser längst den Geist aufgegeben hatten. Sie hatten den seltsamen Abgeordneten liebgewonnen, der sogar einmal an einem Tag der offenen Tür mit seinen fünf halbwegs feingemachten Compagnons das Hohe Haus besichtigte. Die Erinnerung an diese Zeit wird bald verblassen.

Die Schreckensbilder, die an die Öffentlichkeit drangen, ließen Abbé Pierre keine andere Wahl. Im Bois de Boulogne wurde ein Mann gefunden, der ein Loch in den Boden gegraben hatte, um darin seine Kinder unterzubringen. Eine andere Bleibe hatten sie nicht mehr. Ein junges Mädchen konnte gerade noch vor dem Sprung in die Seine bewahrt werden. Es hatte keinen Ausweg mehr gesehen. Daheim wohnten sie mit 14 Personen in einem Zimmer. Die Beispiele aus den Zeitungen jener Tage könnten fast beliebig fortgesetzt werden.

Viele dieser Schicksale lernte Abbé Pierre selbst kennen. Besonders erschütterte ihn eine Begegnung im September 1951. Unter einer alten Plane entdeckte er auf einer verschlammten Wiese eine Frau mit einem kleinen Jungen. Der Vater arbeitete in der Fabrik, verdiente aber zu wenig, um sich eine der wenigen und deshalb teuren Wohnungen leisten zu können. Seit acht Monaten lebte er mit seiner Frau und dem letzten Kind, zwei waren bereits an Unterernährung und Krankheit gestorben, auf dieser Wiese. Die Frau erwartete zudem ihr viertes Kind.

Es hatte kaum eine Lebenschance. Auf das Kind wartete der Tod im Schlamm, Sterben wie ein Tier. Emmaus hatte inzwischen das eigene Haus mehrfach durch Anbauten erweitert. Das genügte aber nicht, um auch diesen Menschen zu helfen. Der Abbé nahm sie dennoch zu sich mit dem festen Vorsatz, das Ungeborene auf eine würdigere Weise zur Welt kommen zu lassen. Eine Wohnung mußte dringend gefunden werden, und wenn keine vorhanden war, dann mußte eben eine gebaut werden. Doch ohne Geld?

Der Bürgermeister von Neuilly-Plaisance hatte schon wiederholt aus letzter Not geholfen. Aber Decken reichten diesmal nicht. Er kannte ein freies Grundstück in Neuilly-sur-Marne, 7500 Quadratmeter groß. Abbé Pierre war sich sicher, daß er hier mehrere Familien unterbringen konnte. Als er es besichtigte, war des Gelände von Blumen überflutet. „Champfleuri", Blumenfeld, taufte er schon jetzt die künftige Kleinsiedlung, seine erste „Stadt gegen die Not", obwohl er den Boden noch gar nicht besaß. Doch der Besitzer ließ mit sich handeln. Er zeigte sich mit einer Ratenzahlung, auf zehn Jahre verteilt, einverstanden. Der Abbé Pierre hatte damit zwar noch kein Geld, aber etwas Zeit gewonnen, um welches zu beschaffen.

In der folgenden Nacht machte sich Abbé Pierre ans Planen. Er entwarf Häuser und Wege. Für 19 Familien müßte es reichen. Am nächsten Tag hängte er ein Schild an das Grundstück: „Camping-Vereinigung". Man wollte die Polizei und den Bauinspektor nicht vorzeitig auf den Plan rufen. Aus seiner Abgeordnetenzeit hatte Abbé Pierre immerhin gelernt, daß die Polizei illegale Häuser sofort abreißen lassen konnte, wenn noch kein Dach darauf war. Danach mußte ein umständliches Verfahren eingeleitet werden.

Also schnell wie möglich die Mauern hochziehen und ein Dach darüberlegen. Den Anfang machten seine Compagnons bei einem Abbruchunternehmer. Gebrauchtes Baumaterial recycelten sie und mauerten es wieder zusammen, rund um die Uhr. Zelte auf der Baustelle mußten als Unterkunft dienen, um keine Zeit durch An- und Abfahrt zu verlieren. Denn darin war sich Abbé Pierre fortan sicher: er würde nie mehr auf eine Baugenehmigung warten. Vielleicht bekäme er auch gar keine, da auch dieses blühende Feld weder Wasser-, Strom- noch Gasanschluß hatte.

Er selbst packte kräftig mit an. Keine Abgeordnetenpflichten hielten ihn mehr fern. Lediglich ab und zu mal eine Rede oder eine Sitzung in Gremien wie dem Weltföderalistenbund, von dem er glaubte, daß seine Mitarbeit dem Frieden diene. Eines Tages mitten in den Bauarbeiten ließ ihn Lucie Coutaz abholen. Er mußte dringend zum Flugzeug nach London. Die Föderalisten tagten. Zum Umziehen und Sich-waschen war keine Zeit. In der Toilette des Flugzeugs reinigte er etwas seine schwarze Soutane und wusch sich das verschmutzte Gesicht. In London entschuldigte er sich vor den Delegierten mit den Worten: „Ich hätte beinahe wegen eines idiotischen Gesetzes das Flugzeug verpaßt.

Es erlaubt den Armen zu sterben, aber nicht illegal zu leben."

Er wollte dennoch beweisen, daß es ein gutes, ein würdiges Leben auch jenseits der Gesetze gibt, wenn die Legalität Grundbedürfnisses des Menschen mißachtet. Nach der Rückkehr hatte er Gelegenheit dazu. Sein erster Weg führte ihn zur Baustelle, wo korrekt gekleidete Herren herumstanden und nach dem Abbé fragten. Das Befürchtete trat ein. „Sie haben ohne Genehmigung gebaut. Wir müssen abreißen lassen."

Abbé Pierre ließ sich nicht einschüchtern. Er drohte mit dem Rundfunk und der Presse. Er werde alle Unterlagen der Familien, die hier einziehen sollten, sammeln und an einen Balken hängen. Er würde beweisen, daß alles ehrliche und unverschuldet in Armut geratene Familien seien. Und über alles werde er statt der Baugenehmigung ein Schild „Genehmigung zum Leben" hängen. Die Behördenvertreter sahen, daß sie nicht weiterkamen. Sie kündigten dem Abbé einen Prozeß an.

Doch auch damit konnten sie ihn nicht einschüchtern. „Um so besser", konterte er. „Dann werde ich vor aller Öffentlichkeit zugeben, daß es verboten ist, was wir tun. Was ist aber dann erlaubt? Daß diese Frau in einer Schlammlache lebt? Daß sich Hoffnungslose vor die Metro werfen?"

Die Funktionäre zogen sich unverrichteter Dinge zurück in ihre Amtsstube, wo sie sich vor solchen Gardinenpredigten sicher fühlen konnten. Allerdings reichte der Arm des Abbé Pierre weiter. Der Wohnungsbauminister war ein Freund aus Kriegstagen. An ihn wandte er sich jetzt mit den Worten: „Wenn du mir nicht erlaubst zu bauen, dann schicke ich dir die ganze Familie, damit du sie dann in deinem Ministerium unterbringen kannst. Du bist Wohnungsbauminister. Also mußt doch du eine Lösung finden."

Der Minister wollte sich aber diese Lösung lieber vom Hals halten und wies seine Dienststellen an, den Abbé dieses Mal in Ruhe zu lassen. Man möge ihn aber sofort informieren, wenn es neue Fälle gäbe. An die dachte der von der Bauwut für die Obdachlosen gepackte Abbé aber schon längst. Die Behörden sollten so schnell nicht Ruhe vor ihm finden.

Die eigene Kirche hatte ebenfalls ihre Not mit dem unbequemen Priester. Als ihn ein Bischof zum großen Abendessen einlud, hätte er es sich fast denken müssen. Sein Gast war zum Störenfried der wieder heilen Welt wie berufen. Das Essen machte der französischen Küche alle Ehre, man lebte schließlich wieder in Friedenszeiten. Nur der Abbé knabberte lustlos herum und schwieg. Als ihn der Bischof aufmuntern wollte, gab Abbé Pierre den Grund seiner schlechten Laune bekannt. „Was ihr heute abend hier verzehrt, würde ausreichen, um meine Armen eine ganze Woche lang zu ernähren." Betretenes Schweigen. Am nächsten Tag schickte ihm der Bischof hundert Francs.

Vielleicht wollte er sich auch ein Plätzchen im Paradies sichern, wie jener anonyme Spender, der dem Abbé ebenfalls einen größeren Geldschein schickte, weil er ihn „an den barmherzigen Gott meiner Kindheit erinnerte".

Abbé Pierre, Emmaus, das Haus an der Bahnbrücke und Champfleuri werden bekannt. Die Zeitungen berichten von dem kleinen, energischen und zähen Nothelfer. Studenten aus aller Welt kommen, um die Atmosphäre der Hoffnung und des Handelns zu schnuppern. Manche bleiben Monate und packen mit an. Auf der anderen Seite klopfen aber auch immer mehr Bedürftige an die Tür von Emmaus. Die Mittel sind fast erschöpft. Man lebt von Tag zu Tag. Die Kumpane Georges, Moskito und Co. decken ihren Weinbedarf gelegentlich durch Betteln, auch wenn es der Abbé streng untersagt.

Eines Abends ist aber wirklich kein Sou mehr in der Haushaltskasse. Mademoiselle Coutaz weiß nicht, wie sie am nächsten Tag etwas zum Essen auf den Tisch stellen kann. Heimlich entschließt sich Abbé Pierre nun, selbst betteln zu gehen. Warum sollte er sich auch schämen? Es war schließlich nicht für ihn.

Er beginnt auf dem linken Seineufer, am Palais Bourbon, wo er fünf Jahre lang Abgeordneter gewesen war, und zieht mit offener Hand den Boulevard Saint Germain hinunter. Manchmal überkommen ihn die Tränen. Betteln ist für diesen Mann aus einer reichen Familie nicht selbstverständlich. Betteln übt man nicht, man wird dazu gezwungen. Er verteilt Zettel, auf denen er sich für das Recht der Armen auf Leben einsetzt. Der Bettelpfarrer ist eine so ungewöhnliche Erscheinung in Paris, daß die Passanten ihm schnell etwas in die Hand drücken. Wenn es nicht reicht, geht er in die Läden und hält seine Hand vor den Verkäufern auf. Man wundert sich und gibt etwas, auch wenn man damit nur möglichst schnell den unbequemen Besucher wieder vor die Tür schaffen will.

Die Compagnons sind aber gar nicht damit einverstanden, daß „ihr" Abbé betteln geht. Ein Korpsgeist hat sich unter diesen Männern gebildet, die einmal Gesetzlose waren. Sie halten ihm vor, wie sehr er ihnen die Bettelei verboten hatte. Jetzt machte er dasselbe, nur um sie zu ernähren. Das durfte nicht sein. Wenn er schon die Hand aufhalten mußte, dann wollten auch sie Geld verdienen gehen.

Klauen konnten die meisten. Doch das kam wohl

nicht mehr in Frage. Moskito besann sich, daß er sich einmal als Lumpensammler durchgeschlagen hatte. „Das kann was bringen." Am nächsten Tag zog er mit einem Sack auf dem Rücken los, um die Mülleimer des Pariser Ostens zu durchwühlen. Brauchbares wurde eingepackt, möglichst wieder etwas hergerichtet und dann auf den zahlreichen Flohmärkten verkauft. Das Geschäft ließ sich gut an. Bald mußten sie sich einen alten Lastwagen zulegen. Emmaus begann die Arbeit der Compagnons zu verteilen. Die Hälfte ging auf den Müll, die andere baute Häuser, und der Abbé bettelte in den vornehmen Pariser Bezirken.

Aber selbst der letzte Abfall hat noch seine Neider. Die städtischen Müllmänner hatten es bisher als ihre Domäne betrachtet, alles Verwertbare selbst herauszuwühlen und zu Geld zu machen. Ihr Lohn mußte dringend aufgebessert werden. Die Konkurrenz war schnell ausgemacht. Ein Kommando stellte die Rivalen und drohte ihnen an, sie zusammenzuschlagen, wenn sie noch einmal in „ihrem" Müll wilderten. Die wackeren Compagnons wußten keine andere Antwort als zu erzählen, daß sie es nicht für sich taten, sondern für noch Ärmere. Sie kämen doch vom Abbé Pierre. Noch nie etwas von ihm gehört? Glücklicherweise doch. Einer der Müllmänner war wenige Wochen zuvor wegen einer Unterkunft bei ihm gewesen. Vielleicht sollten sie mit ihm reden.

Die Solidarität der Habenichtse wurde geboren. Die Müllmänner behielten ihre Müllsäcke und -eimer. Die Emmaus-Brüder verlegten sich aufs Entrümpeln. Die Pariser fanden fortan an ihren entleerten Mülleimern Handzettel mit der Ankündigung: „Morgen kommen die Lumpensammler von Emmaus und holen Gerümpel ab, Betten, Matratzen, alte Kleider, abgetragene Schuhe,

Wäsche, Altpapier und gebrauchte Spielsachen." Am Jahresende konnte Abbé Pierre mit dem Betteln aufhören.

In diesem Jahr hatte Emmaus zu seinen Grundregeln gefunden: arbeiten, teilen und geben. Sie gelten bis heute und haben sich immer als erfolgreich erwiesen. „Wenn Emmaus heute, 1995, in eine Stadt kommt, dann ist die Bevölkerung meistens etwas skeptisch. Keine Gemeinde will sich zusätzliche Lasten aufbürden, sollten die Armen als Sozialfall der Kommune zur Last fallen. Doch nach zwei Monaten sagen mir der Bürgermeister, der Pfarrer und der Schuldirektor: ‚Jetzt sind Sie akzeptiert.' Die Erklärung ist, daß man die Arbeiter auch arbeiten sieht. Wir sind kein Asyl. Wir fallen niemandem zur Last. Wir arbeiten, jeder nach seinen Möglichkeiten, verdienen damit unseren Unterhalt und noch etwas mehr, um noch abgeben zu können."

Ein Mittel auch gegen die neue Armut? Immerhin sind in Frankreich die Flohmärkte von Emmaus so bekannt und besucht wie in Deutschland viele kleine Jahrmärkte. Sie sind das graue Netzwerk einer Wohlstandsgesellschaft, das jene auffängt, die bis heute von den staatlichen Sozialleistungen nicht leben und nicht sterben können, wenn sie überhaupt welche bekommen. Umgekehrt wissen die Käufer, daß sie auf den Emmaus-Märkten ein gutes Werk tun. Das beruhigt das Gewissen. Und zu wissen, daß man nicht angeschmiert wird, das erleichtert den Kauf.

Lumpen sammeln und Häuser für Menschen bauen, die sich nicht einmal die armseligste Wohnung leisten können, das ist fortan der Lebensinhalt von Emmaus und seinen inzwischen 50 Compagnons. Es werden aber immer mehr Helfer, 1952 sind es schon 160. Doch auch die Zahl der Bedürftigen steigt. So wie Champfleuri entstehen weitere Stätten gegen die Not in Pontault, in L'Hay-les-Roses, Siedlungen aus einfachstem Material, ohne Komfort, aber mit dem Notwendigsten ausgestattet. Manche überdauern Jahrzehnte, etwa im Nachbarort von Neuilly, Noisy-le-Grand, bis 1967 in die Zeit des Aufschwungs und des bescheidenen Wohlstandes. Man wird dann dem Abbé Pierre vorwerfen, Brutstätten für Asoziale gebaut zu haben, weil einige Familien auf das für sie einst unerreichbar Scheinende so stolz waren, daß sie auf diesem Stand wieder den Anschluß verpaßten.

Doch Abbé Pierre wollte die größte Not lindern. Er verteidigte sich denn auch mit der Gegenfrage, was besser gewesen wäre: die Leute sterben zu lassen oder sie einfach, aber menschenwürdig unterzubringen. Die Kritiker hatten Erinnerungslücken, und die einst Obdachlosen hatten vergessen, daß die erste Nothilfe auch als Hilfe zur Selbsthilfe gedacht war.

Der Indochinakrieg spuckt weiteres „Menschenmaterial" aus, kranke oder als Invaliden entlassene Fremdenlegionäre, Deserteure, die sich nun mehr oder weniger gewalttätig durch das Leben schlagen, nachdem sie zwischen Hanoi und Saigon nichts anderes gelernt haben als zu töten, um zu überleben. Mit manchem von ihnen werden auch Abbé Pierre und Lucie Coutaz nicht fertig. Sie müssen weggeschickt werden oder erhalten, wenn sie in Emmaus wegen ihrer mörderischen Unberechenbarkeit nicht mehr tragbar geworden sind, eine zweite Chance in einer der Neugründungen in der Pariser Banlieu. Nur die Hoffnung nicht aufgeben.

Im Sommer 1952 reichen auch die kleinen Schätze der Lumpensammler nicht mehr aus. Vielleicht gibt es noch andere Plätze, wo etwas zu finden und zu Geld zu machen wäre. Nach dem Baustellenschutt, den Mülleimern und dem Lumpensammeln entdecken die

Emmausbrüder die Müllkippen, die Abfalldepots der Großstadt Paris, weit draußen und so gewaltig zum Himmel stinkend, daß sie vor der Polizei ebenso wie vor Konkurrenten der Müllabfuhr sicher sind.

In den frühen 50er Jahren konnten Altmetall, Glasstücke, Gummi noch verwertet werden. Die Emmausleute suchten danach. Zu den Bauern auf den zerstreuten Höfen kam keine Müllabfuhr. Sie holten also deren Abfall ab. Sie waren zufrieden, weil sie Arbeit hatten, ihren Lebensunterhalt verdienen und etwas für jene tun konnten, die noch ärmer dran waren, weil sie nicht nur für sich sorgten, sondern auch noch für unschuldige kleine Kinder. Der Abbé Pierre in dieser Zeit mitten drin. Er war ihr Bruder, weil er sie, wie sie waren und das, was sie jetzt tun wollten, akzeptierte. Fragen nach der Vergangenheit waren tabu. Emmaus wollte nicht wissen, wie viele Jahre Gefängnis unter seinem Dach versammelt waren.

Das war eine Welt von Männern, die die Abgründe des Lebens hinter sich hatten. Frauen hatten hier keinen Platz. Nur Lucie Coutaz war Manns genug, eisern für Ordnung unter den Rauhbeinern zu sorgen. Doch wer half Frauen in derselben Situation, in der früher ein Georges, César oder Auguste gestanden hatten? Eine Frau, die Abbé Pierre als Marinehelferin in Marokko kennengelernt hatte und die jetzt in der Nähe lebte, erklärte sich bereit, ein Emmaus für Frauen aufzubauen. Abbé Pierre fand für sie ein heruntergekommenes, verlassenes Herrenhaus in Plessis-Trévise.

Neugierige klopfen in Neuilly-Plaisance an. Zeitungen wollen das „Wunder" im Osten der französischen Hauptstadt kennenlernen, diesen kleinen Curé mit der Baskenmütze, dem Mönchsbart und der direkten Sprache. Le Figaro, Elle und La Vie catholique sind unter den ersten, die Reportagen veröffentlichen. Willkommen waren sie zuerst nicht. Die Compagnons waren keine Öffentlichkeitsarbeiter. Sie wollten in Ruhe gelassen und nicht begafft werden wie die Affen im Zoo. Abbé Pierre brachte ihnen aber bald bei, daß nicht jeder Journalist gleich verscheucht werden darf. Die Artikel seien auch so etwas wie Betteln auf andere Art.

Emmaus und vorneweg Abbé Pierre entdecken die Publicity. In einer Quizsendung „Aussteigen oder verdoppeln", die noch heute im französischen Fernsehen gezeigt wird, beantwortet er artig Fragen wie die nach der Zahl der Abgeordneten vor und nach dem Krieg. Er bleibt keine Antwort schuldig und könnte die Bühne mit gewonnenen 256.000 Francs verlassen. Doch die Gelegenheit ist günstig, um selbst eine Frage zu stellen: „Wieviel Geld wollt ihr mir schicken, damit Tausende Obdachlose nicht vor Kälte erfrieren müssen. Ich habe mich gefreut, daß ich Sie unterhalten konnte. Doch bloß dafür bin ich nicht hergekommen." Das Geld beginnt nach Neuilly-Plaisance zu fließen.

Arbeiten, damit andere leben können, so heißt die Devise. Doch zum Leben gehört auch der Tod. In Emmaus-Neuilly-Plaisance heißt der erste tote Compagnon Joseph Antoine, ein ehemaliger Fremdenlegionär aus Belgien. Als er im Sterben liegt, wollen seine Gefährten ihn zunächst ins Krankenhaus bringen. Doch dann beschließen sie, ihn „in seiner Familie" in Frieden sterben zu lassen. Die Compagnons sammeln für ein Grab, damit, wie Abbé Pierre formulierte, „alle Welt erfährt, daß unsere Freundschaft über den Tod hinaus andauert"

Lucie Coutaz verständigt die Fremdenlegion im nur wenige Kilometer entfernten Vincennes. Von dort kommt tatsächlich eine Ehrenabordnung von vier Legionären, die ihren ehemaligen Legionskameraden zu Grabe tragen. Die eindrucksvollen Worte eines Compagnons am offenen Grab fassen das ganze Leben der meisten dieser ungewöhnlichen Begleiter auf dem letzten Weg zusammen: „Joseph hat tot mehr Platz als lebendig, zwei Quadratmeter."

Als Inschrift haben sie gewählt: „Bleib bei uns, denn es ist spät und der Tag geht zu Ende."

Mehr Platz haben 30 Familien mit ihren über hundert Kindern gefunden, doch was für einen. Abbé Pierre kauft ein Stück des Waldes von Pomponne, aus Restbeständen der britischen Armee große Zelte, ausgeplünderte Busse und sammelt Möbel ein. Eine Zeltstadt entsteht, weil es auf die Schnelle keine andere Möglichkeit gibt. Die Männer fahren täglich 20 Kilometer mit dem Fahrrad zur Arbeit oder gehen vier Kilometer zum nächsten Bahnhof zu Fuß.

Doch selbst das ist den arroganten Behörden ein Dorn im Auge. Ein hoher Funktionär des Départements kommt in das Zeltlager und sieht nur eines: „Das ist im Jahre 1953 untragbar. Nicht einmal die notwendigsten hygienischen Einrichtungen sind vorhanden." Abbé Pierre platzt der Kragen. „Ich glaube, Sie haben sich in der Adresse geirrt. Sie sind für Hygiene zuständig. Also sorgen Sie doch dafür. Sagen Sie mir, in welchen Wohnungen ich diese Leute unterbringen kann. Wir haben Lastwagen. In einer Stunde sind sie hier und wir laden alles auf, um die Menschen in anständige Unterkünfte zu bringen."

Monsieur le Directeur bleibt stumm und verschwindet. Das hat ihm keine Eliteschule beigebracht. Er weiß nur, was das Gesetz vorschreibt. Vorsichtshalber ruft Abbé Pierre den Präfekten an, die wichtigste Instanz in jedem Département, sozusagen der höchste Vertreter der ganzen Regierung in jeder Provinz. Er wird mit dem

Kabinettsdirektor verbunden und berichtet ihm von dem Zwischenfall.

Abbé Pierres Sprache ist klar: „Sie werfen mir vor, daß ich diese Familien schlecht untergebracht habe. In Wirklichkeit verzeihen Sie mir aber nicht, daß ich sie aus dem Schatten der Keller und Löcher geholt habe, in denen sie hausten. Sie ertragen es nicht, daß ich sie aufgesammelt und ihr Schicksal ans Tageslicht gezerrt habe und ihr Elend in aller Öffentlichkeit der Gesellschaft ins Gesicht geschleudert habe. Jetzt können Sie nicht mehr ruhig schlafen." Das wirkt.

16 Jahre später fährt Abbé Pierre in dieselbe Gegend. 1969 notiert er: „Gestern bin ich durch Bois-l'Abbé gefahren. Das ist eine weite Ebene am Ostrand von Paris. Hier haben wir vor 15 Jahren mit den ersten Compagnons und Lumpensammlern von Emmaus gelebt. Das war im Schlamm eines riesigen Lagers. Wie war das hart! Und dennoch. Wenn ich mich mit dem einen oder anderen aus jenen Jahren treffe, kommen uns glückliche Erinnerungen. Denn dieser gemeinsame Kampf, um zu leben, war Tag für Tag eine neue Schöpfung, weil man nicht nur für sich kämpfte, sondern weil wir den Erlös teilten und unsere Mühen ansteckend wirkten, um weiteren Bedürftigen zu helfen.

In Bois-l'Abbé gibt es keine Compagnons-Lumpensammler mehr, die die Müllberge durchwühlen. Das Getreide ist auch verschwunden. Eine Stadt ist aus dem Boden geschossen. Die gewaltige Baustelle ist schon sehr weit fortgeschritten. Ein Teil der Häuser wird bereits bewohnt. Das begeistert mich. Doch beim Durchgehen kann ich nicht verhindern, daß ich mich frage: Welche Seele wird in dieser Stadt wohnen?"

Solche Städte wachsen 1953 noch nicht. Über einen befreundeten Abgeordneten versucht Abbé Pierre, im

Haushalt für den sozialen Wohnungsbau eine Milliarde Francs für Notquartiere unterzubringen. Die Nationalversammlung behandelt das Thema an einem späten Abend. Die Reihen sind halbleer. Am nächsten Morgen telefoniert Abbé Pierre mit seinem Abgeordnetenfreund Léo Hamon. Der erzählt ihm die ungeschminkte Wahrheit. Die wenigen Redner, die sich mit dem Vorschlag überhaupt beschäftigen wollten, sprachen von der „Idee eines Übergeschnappten". Die Politiker, die zu wissen glaubten, was das Volk braucht, gaben sich optimistisch. In wenigen Jahren würde es in Paris Wohnungen im Überfluß geben.

Die Erwartungen werden sich nur zum Teil erfüllen. 40 Jahre lang wird der Bauboom anhalten und die Preise ins Unbezahlbare steigern, bevor erst Ende der 80er Jahre eine Immobilienkrise einsetzt und die überhitzten Preise wieder fallen. 40 Jahre, in denen Jungverheiratete und Kleinverdiener aus dem teuren Paris in die Vororte gedrängt werden, in neuentstehende riesige Trabantenstädte. Sie werden mehr sozialen Sprengstoff produzieren, als Abbé Pierre je vorgeworfen werden konnte. Und sie zerstören die Landschaft, um die sich allerdings im vergleichsweise dünnbesiedelten Frankreich sowieso nur wenige kümmern.

9. Bettelkönig in einem Wintermärchen

In derselben Januarnacht, in der die Nationalversammlung die Not der Obdachlosen ins Lächerliche zieht, sinken die Temperaturen auf minus zehn Grad, und es soll noch kälter werden. Der Winter 1954 kündigt sich als einer der schlimmsten seit langem an. Bald geht nichts mehr auf Straßen und Schienen. Alles ist vereist. Doch Tout Paris, das vornehme Paris, zu dem man gehören muß, wenn man etwas gelten will, amüsiert sich. Die Damen zeigen neuen Reichtum in teuren Pelzmänteln und Schmuck. Es ist Ball- und Theatersaison. Die hungernden und frierenden Elendsgestalten am Straßenrand stören nur. Der Innenminister hat Order gegeben, sie aus den vornehmen Vierteln, wohin auch die Touristen kommen, wegzubringen. Der schöne Schein soll nicht gestört werden. Ein Menschenleben, das nicht in Nadelstreifen gehüllt ist, zählt wenig.

In derselben Nacht stirbt das Neugeborene einer jungen Arbeiterfamilie, die in einem Autowrack im Garten von Emmaus untergebracht werden mußte, bis ihr Haus in einer von Abbé Pierres Notaufnahmestädten fertig ist. Das Kind ist erfroren. Der Winter 1954 ist so schrecklich, daß ein Film über Abbé Pierre (in der Hauptrolle Lambert Wilson) und seine Nothilfe des Jahres 1954 den Titel „Hiver 54" trägt, Winter 54. Das sagt alles.

Unter Tränen und voller Zorn schreibt Abbé Pierre einen Brief an Wohnungsbauminister Maurice Lemaire:

„Herr Minister, das kleine Kind aus der Cité Coquelicot, der Klatschmohnsiedlung, ist erfroren in der Nacht vom 3. zum 4. Januar in Neuilly-Plaisance während der Rede, in der Sie die Notaufnahmestätten ablehnten. Am Donnerstag, 7. Januar, wird es beerdigt. Denken Sie an das Kind. Es wäre gut, wenn Sie zu dieser Stunde unter uns wären. Man wird sie nicht schlecht empfangen, glauben Sie mir. Man weiß sehr wohl, daß Sie ‚das' nicht wollten, als sie jene auf später, auf drei, vier Jahre vertrösteten, die beim Verlassen der Fabriken unter die Brücken schlafen gehen. Wenn Sie kommen, wird man sagen: Immerhin, wenn er zurückkehrt, wird er wenigstens Bescheid wissen. Er wird anders werden. Er wird Mittel und Wege finden, unseren Traum zu verwirklichen. Die Verwaltung hat so viele Mittel, um das Unmögliche möglich zu machen, wenn sie will! Man wird sich sagen, daß dieses Leid nicht unnütz war. Danach wird man Sie nach Pomponne mit seinen 80 Arbeiterjungen führen, in den Wald und auf das Gelände, das wir aus Not kaufen mußten, weil man von einer Notaufnahmestadt zur Zeit nur träumen kann. Sie werden unsere ersten 300 000-Francs-Häuser sehen [die Summe bezeichnet ein wenige Monate altes Wohnungsbauprogramm, für das die staatlichen Banken in dieser Höhe Wohnungen zinsgünstig vorfinanzieren dürfen]. Sie sind nicht der Franzosen unwürdig, wenn man vorher ihre unwürdigen Hütten gesehen hat. Die am Sonntag zerstörte Hoffnung wird wieder aufleben, vielleicht anders, aber sie wird wieder leben. Das wäre gut. Seien Sie nicht zum zweiten Mal der Mann, der nein zu uns sagt ... Unser Leben ist hart. Das hat uns rauh gemacht, aber nicht schlecht. Mit einem offenen Herzen haben wir Ihnen alles sagen wollen, was wir für wahr, gerecht und möglich halten."

Noch im Morgengrauen fährt Abbé Pierre in die Stadt

und gibt den Brief im Ministerium ab. Kopien verteilt er an die Pariser Zeitungen. Dann wartet er ab.

Eine Antwort will und will nicht kommen. Erst eine Viertelstunde vor der geplanten Beisetzung des Kindes meldet sich ein Freund aus dem Wohnungsbauministerium am Telefon und kündigt an: „Er wird kommen. Er hat die Teilnahme an der Übergabe von Häusern in Choisy-le-Roi abgesagt und seinen Kabinettschef geschickt."

Der Minister ist schon unterwegs. Durch Zufall treffen die beiden Autos auf dem Weg zum Totenhaus, wo der Sarg mit dem Kind wartet, in einer Sackgasse aufeinander – die Klappermühle des Abbé und der mit der Staatskokarde geschmückte Dienstwagen des Ministers. Ein seltener Anblick in der armen Pariser Ost-Banlieu. Der Minister läßt zurückstoßen. Die beiden steigen aus und gehen zu Fuß zum Totenhaus und dann hinter dem Totenwagen zwei Kilometer bis zum Friedhof. Der Dienstwagen im diskreten Abstand hinter dem Trauerzug. Der Zug besteht aus einem Abbé in abgeschabter Kutte, einem eleganten, warm angezogenen Minister und zwei Dutzend Lumpensammlern. Nach der kirchlichen Feier gibt der Minister zu, er habe vieles erwartet, dies aber nicht. „Wir müssen uns wiedersehen. Geben Sie mir Ihre Telefonnummer."

Einige Wochen vergehen, weil der Abbé eine Vortragsreise zugesagt hatte. Dann meldet sich Lemaire wieder und kommt zu Emmaus. Einen Vormittag lang besichtigt er das „Wunder im Elend" des Abbé Pierre. Dann verspricht er, das Projekt der Notaufnahmestädte wieder aufzugreifen. In die Stille beim Abschied ermahnt einer der Compagnons den Minister: „Wir wollen keine Worte mehr. Daran glauben wir nicht. Wir wollen Taten sehen. Tun Sie Ihre Pflicht." Abbé Pierre hätte nicht anders gesprochen.

Die Quecksilbersäule sinkt immer weiter. Jetzt sind es schon minus 20 Grad. Die Polizei braucht keine Clochards, Bettler und Obdachlose mehr von der störenden Bildfläche verschwinden zu lassen. Sie muß Leichen einsammeln, steif gefrorene Tote. Der Innenminister hat zwei tödliche Anweisungen gegeben. „Gesetz muß Gesetz bleiben. Wer keine Miete bezahlen kann, fliegt auf die Straße, und wenn es 30 Grad unter null hat. Wenn er dort stört, wird er dorthin ausgewiesen, wo er die anständige Gesellschaft unbehelligt läßt." Die Gefängnisse sind überfüllt, freie Plätze gibt es keine mehr. An den Metroeingängen, an den Lüftungsschächten der Kaufhäuser hängen dichtgedrängt die Ausgestoßenen der Arroganz einer Regierung und eines Parlaments, die sich sozial, kommunistisch oder volksverbunden nennen.

Abbé Pierre setzt sich Nacht für Nacht in seinen Renault 4 CV, dem französischen Gegenstück zum deutschen Volkswagen, Compagnons und Kannen mit Suppen auf Neben- und Rücksitz. Die anderen folgen ihm mit dem Lieferwagen, obwohl sie den ganzen Tag über Lumpen gesammelt und auf dem Bau gearbeitet haben, soweit dies bei der beißenden Kälte überhaupt noch möglich ist. Sie wissen, wo sie die Ärmsten der Armen suchen müssen. Ein ehemaliger Minister aus Abbé Pierres Abgeordnetenzeit, Robert Buron, der noch immer im Parlament sitzt, weiß es nicht. Er will sich an diesem Abend ein Bild machen, er fährt mit dem Abbé, um seine ständigen Anklagen zu widerlegen. Es seien doch keine armen Arbeiter, die da im Freien übernachten müßten, obwohl sie arbeiteten und Steuern zahlten. Der Abbé täusche sich. „Das sind doch alles Clochards. Die wollen es nicht anders." Als wäre je einer freiwillig erfroren.

Abbé Pierre setzt sich neben den Abgeordneten und

führt ihn auf die nächtliche Tour des Elends durch Paris. Tatsächlich, die Stadt ist wie ausgestorben. Nur vorsichtig kommt man voran. Manche Straßen sind spiegelglatt. Buron sieht nur Clochards und ein Paar Säufer. Einen Abfallberg beim Chatelet identifiziert er als Müllhalde. Das wär's dann gewesen, wenn der Abbé nicht ausgestiegen wäre und eine Ecke des Abfalls aus alten Decken und Säcken angehoben hätte. In der Düsternis kann auch Buron etwa 30 Männer und Frauen erkennen, die hier die Nacht überleben wollen und vielleicht etwas schlafen können. Buron verstummt und sagt auf dem Rückweg kein Wort mehr. Ein Abgeordneter hat die Not erkannt, mehr aber auch nicht. Der Anschauungsunterricht bliebe folgenlos, wenn sich die Ereignisse wenige Tage später nicht überschlagen würden.

Die Polizei sieht im Gegensatz zum Abgeordneten Buron die Sterbenden. Dem Abbé, der sie anfleht, doch etwas zu unternehmen, antworten sie in schlimmster Beamtenmanier, die überall gleich zu sein scheint: „Wir können nichts tun, solange sie noch leben. Wir haben keine anderen Anweisungen." Die einzige gesetzliche Handhabe gegen die Obdachlosen wäre das Verbot des Herumvagabundierens. Das geht aber auch nicht, weil alle Gefängnisse und Asyle schon voll sind. Die einzige Barmherzigkeit, die ein Flic sich erlauben darf, ist wegsehen. Die Clochardmasche, ein freies Zimmer im Kittchen zum Überwintern zu erstehlen, zieht in diesem Winter 1954 nicht mehr. Die Stubenwärme ist ausgebucht oder unbezahlbar.

Das Fernsehen in diesen Tagen steckt noch in der Kinderschuhen. Gesendet werden Filme. Bandaufzeichnungen erfordern einen Riesenaufwand. Die bewegliche Kamera vor Ort ist unbekannt. Das Staatsfernsehen, ein anderes gibt es nicht, hat sich eine große Sendung über

Emmaus und seinen Inspirator vorgenommen. Ein Reporter hat seinen Film vor Ort gedreht. Abbé Pierre sitzt im Studio und sieht sich diesen Streifen während der Sendung an. Danach ist ein Gespräch vorgesehen, eine Talkshow, würde man heute sagen.

Der Abend plätschert dahin. Abbé Pierre-Biograph Pierre Lunel notiert: „Die Sendung geht dem Ende entgegen. Und wie immer wurde alles nur gestreift und das Wesentliche vergessen. Abbé Pierre fühlt sich müde und trauert der mit Platitüden vergeudeten Zeit nach." Wenigstens zum Schluß will er noch etwas für seine Armen retten. „Nun, Herr Präsident des Pariser Stadtrates [einen Bürgermeister hat Paris zu dieser Zeit noch nicht, weil die Stadt über einen Präfekten direkt der Regierung unterstellt ist], Sie haben Ställe für streunende Hunde. Sind Sie nicht in der Lage, desgleichen für jene Menschen zu tun, die auf den Trottoirs zu erfrieren drohen?"

Diese Sendung erregt Aufsehen. In einigen Gaststätten gehen die Kellner herum und sammeln für den Abbé, damit er die Obdachlosen vor dem Krepieren bewahre. Etwas gutgemeinte Wärme breitet sich aus. Das Sterben geht aber weiter. Individuelle Hilfe erweist sich als wirkungslos angesichts dieser sibirischen Kälte. Abbé Pierre weiß: Er muß sich etwas einfallen lassen.

Ein Spender bietet ihm eine Grundstück im fünften Arrondissement an. Ein Trümmerfeld zwischen zwei rohen Hausmauern, überwuchert und trostlos. Der Besitzer hat kein Geld, um sein zerstörtes Haus wiederaufzubauen. Abbé Pierre hat auch kein Geld mehr. Ein schönes Geschenk, mit dem er nichts anfangen kann. Trotzdem nimmt er an. Irgendwann wird sich die Lage ändern. Das war nach einer Nacht in den Straßen der Hauptstadt, von der er niedergeschlagener als je zuvor nach Neuilly heimgekehrt war. Die rettende Idee kommt ihm dann bei der Messe in der Hauskapelle. Ein befreundeter jüdischer Altmaterialhändler, Mendelovitz aus Montreuil, hat doch aus amerikanischen Armeebeständen ein Großzelt. Könnte er es nicht ausleihen? Mendelovitz ist einverstanden.

Noch am gleichen Nachmittag gegen 17 Uhr liegt die Zeltplane in der Rue Montagne-Sainte-Geneviève. Die Compagnons bauen es auf und schleppen Strohballen heran. In einer Ecke wird eine Nottoilette installiert. Kein Hygienewächter soll meckern können. Die erste Nacht bricht heran, in der der Abbé und seine Getreuen nicht nur eine Kelle Suppe und tröstende Worte mitbringen. Die Hoffnungslosen schlüpfen aus ihren Winkeln und können vor dem Erfrieren bewahrt werden, auch wenn einige Anwohner die Nase ob dieser neuen Nachbarschaft rümpfen. Vor einem Monat noch hatten sie Weihnachten gefeiert mit einem Stall, einer Krippe und dem lieben Jesuskind auf Stroh im Wohnzimmer. Obdachlose auf Stroh nebenan empfinden sie dagegen als degoutant, geschmacklos.

Sonntags wird nun Abbé Pierre zum Predigen eingeladen. Die Menschen strömen noch zur Kirche, auch in der Arbeitervorstadt Courbevoie. Nach der Messe setzt er sich erschöpft in die Sakristei. Das Telefon läutet. Auf dem Boulevard Sebastopol im Hallenviertel nahe beim Ostbahnhof ist eine sterbende Frau aufgelesen worden. Sie kann nicht mehr gerettet werden. Ausweise hat sie keine bei sich, nur ein amtliches Schreiben: die Ausweisung aus ihrer Wohnung. Der Gerichtsvollzieher hat sie mitten in der Nacht auf die Straße gesetzt, weil sie einen Mietrückstand von 80000 Francs nicht bezahlen konnte. Die Kriegsgewinnler hatten im siegreich darniederliegenden Frankreich kein Erbarmen.

In der nächsten Messe predigt der Abbé nicht mehr. Er klagt an. Was ist das für ein Land, das Häuser abreißen lassen will, die Schutz bieten, auch wenn die Behörden ihren Bau nicht genehmigt haben. Die Behörden, der Innenminister verbieten unwürdige Notunterkünfte und schützen Miethaie, damit ihre Opfer um so schneller sterben. An diesem Tag kann Abbé Pierre 750000 Francs einsammeln. Im Gemeindesaal von Courbevoie wird ein Notkomitee für die Obdachlosenhilfe gegründet. Weitere werden folgen.

Der Januar geht zu Ende, und die Meteorologen wagen sich an die Wettervorhersage für den nächsten Monat. Den ganzen Februar über werden die nächtlichen Tiefsttemperaturen bei 20 bis 30 Grad minus liegen. Besserung ist nicht in Sicht. Die Bilanz wird schrecklich sein, wenn nicht mehr getan wird. Man müßte die Massen mobilisieren.

Abbé Pierre ruft den Leiter der Mittagsnachrichtensendung an, ein Radiomagazin, das gewöhnlich von Politik und Pariser Chronik lebt, bunt und unterhaltsam, selten mit einer guten Nachricht. Dieser Georges Verpraet weiß mit dem Anruf des Abbé zunächst nichts anzufangen. Einen Hilfsaufruf soll er senden. Das paßt nicht ins Sendekonzept. Zudem ist es schon kurz nach 12 Uhr. Die nächste Sendung an diesem 1. Februar 1954 beginnt um 13 Uhr. Die Beiträge sind bereits geschnitten und fertig zum Ausstrahlen.

Abbé Pierre läßt sich nicht abbringen. „Wenn du heute nein sagst, dann hast du morgen dein Ereignis. Wieder eine erfrorene Frau, ein vor Kälte totes Kind, vielleicht ein Dutzend. Und du bist mitschuldig." Verpraet spricht kurz mit seinem Direktor, ob er Abbé Pierres Botschaft senden darf. Um was es geht, verrät er lieber nicht. Der Chef hätte vielleicht nein gesagt. Im übrigen wußte es

Verpraet auch nicht so genau, denn zu diesem Zeitpunkt kritzelte Abbé Pierre erst seinen Text, um ihn Viertel vor eins einem Stenographen am Telefon in den Block zu diktieren:

„Meine Freunde! Hilfe! Eine Frau ist gestorben, erfroren, diese Nacht um 3 Uhr auf dem Trottoire des Boulevard de Sebastopol. Ihre Hand umklammerte den Ausweisungsbefehl aus ihrer Wohnung. Jede Nacht verkümmern mehr als zweitausend unter dem Eis, ohne Dach, ohne Brot, mehr als einer fast nackt. Hören Sie mir zu: In drei Stunden werden zwei Hilfszentren gebildet, eines unter dem Zelt unterhalb des Pantheons, in der rue Montagne-Sainte-Geneviève, das andere in Courbevoie. Sie sind zwar schon fast überfüllt. Es müssen deshalb überall welche geschaffen werden. Noch heute abend müssen in allen Städten Frankreichs, in allen Pariser Vierteln, beleuchtete Anschläge mit der Aufschrift „Brüderliches Nothilfezentrum" hängen und auf die Eingänge zu Stätten hinweisen, wo es Decken und Strohballen und eine Suppe gibt. Darunter muß stehen: ‚Du, der du leidest, wer auch immer du bist, komm herein, schlaf, iß, hoffe wieder, hier wirst du geliebt.' Die Wettervorhersage kündigt einen eisigen Monat an. Solange der Winter andauert, müssen diese Zentren bestehen bleiben. Angesichts ihrer vor Elend sterbenden Brüder darf es nur einen Willen unter den Menschen geben: dies nicht mehr länger zuzulassen. Ich bitte Sie, bringen wir genug Liebe auf, sofort, um das zu verwirklichen. Möge soviel Schmerz dieses Wunderwerk in der Seele Frankreichs möglich machen. Danke. Jeder von uns kann den Obdachlosen helfen. Für heute Abend und spätestens bis morgen brauchen wir 5000 Decken, 300 große amerikanische Zelte, 200 Heizöfen. Bringt sie schnell zum Hotel Rochester, 92, rue de la Boétie. Schickt uns Freiwillige und Lastwagen zum Einsammeln. Heute um 23 Uhr vor dem Zelt in der Montage-Sainte-Geneviève-Straße. Dank Ihrer Hilfe wird kein Mensch, kein Kind auf dem Asphalt oder den Ufermauern von Paris schlafen. Danke!"

Radio France hat seine Botschaft. Das reicht dem vom heiligen Eifer getriebenen Abbé nicht. Er möchte möglichst viele Franzosen erreichen. Die Langwellensender, die nicht der staatlichen Kontrolle unterliegen und gerade deshalb bei den Franzosen zunehmend beliebter werden, müssen mitmachen. Jetzt kurz vor 13 Uhr bleibt keine Zeit mehr, den Text auch noch Radio Luxembourg vorab durchzugeben. Dort will der Abbé selbst vor das Mikrofon. Einen Freund, der ihm dazu verhelfen kann, kennt er. Bei Radio Luxembourg ist man auch nicht so bürokratisch. Die übertragen notfalls auch eine Mitteilung aus dem Telefon. Doch eindringlicher wirkt es „en direct" aus dem Studio. Der Abbé rast ins Stadtzentrum, ohne Rücksicht auf rote Ampeln und Trillerpfeifen der Polizei.

In der rue Bayard parkt er im Halteverbot und stürmt direkt ins Sendestudio. Die letzte rote Lampe, die er an diesem Tag ignoriert. Radio France beginnt bereits mit dem Verlesen seines Aufrufs, als Abbé Pierre fast außer Atem bei der Konkurrenz zu lesen anfängt. Es schnürt ihm vor Emotion fast den Hals zu. Hinter der Studioglaswand verstummen alle Gespräche, nachdem die Techniker zunächst wegen der Störung geflucht hatten.

Nach der Sendung fällt dem Abbé siedendheiß ein, daß er ganz schnell zum Hotel Rochester fahren muß. Der Inhaber Larmier weiß nichts von seinem Glück. Er muß ihn wenigstens informieren, falls der Aufruf tatsächlich Erfolg haben sollte. Glücklicherweise hat Larmier nicht nur die Sendung gehört, sondern auch spontan akzeptiert. Seine Frau Hélène wird sich in den kommenden turbulenten Tagen als wichtige Helferin erweisen. (Im Film wird sie von Claudia Cardinale dargestellt.) Auf das Hotel war Abbé Pierre in aller Eile gekommen, weil ihm Verpraet noch kurz vor den Sendung gesagt hatte, er müsse irgendeine Adresse angeben, sonst sei die Aktion zwecklos. Madame Larmier hatte ihm eine Woche zuvor geschrieben und einige Zimmer ihres Hotels als vorübergehende Notunterkunft angeboten. Sie hatte in der Zeitung seinen Brief an den Wohnungsbauminister gelesen, den der Abbé nach dem Tod des Neugeborenen geschrieben hatte.

Eile ist in der Tat geboten. Abbé Pierre hat eine Lawine der Hilfsbereitschaft losgetreten. Seine Rundfunkrede wird bald jedem Franzosen so geläufig sein wie der erste große Rundfunkaufruf dieses Jahrhunderts, der von General de Gaulle, als er am 18. Juni 1940 die Franzosen zum Widerstand gegen die deutsche Besatzung aufforderte. Die beiden Radiosender und das Dreisternehotel wissen sich bald nicht mehr vor dem Ansturm hilfsbereiter Pariser zu retten. Das Telefonnetz bricht fast zusammen. Die Zufahrt zum Hotel ist kein breiter Boulevard. Bald geht nichts mehr.

Die Bürokratie läßt das kalt. Als der Abbé für sein Hauptquartier im Hotel Rochester drei weitere Telefonleitungen anfordert, verweisen ihn die Postbeamten auf eine Wartezeit von einer Woche. Zuerst müsse er zudem Antragsformulare ausfüllen. Am frühen Abend bekommt er dann wenigstens eine zusätzliche Leitung. Künftige Offiziere haben schon mehr Herz. Zwölf Studenten des militärisch geführten Polytechnikums melden sich freiwillig zum Dienst beim Abbé Pierre. Sie können gebraucht werden, denn die Spenden, Geld und Waren, müssen erfaßt und korrekt verbucht werden. Man will nichts vergeuden, sich aber trotz des Chaos der ersten Stunden auch nichts vorwerfen lassen. Die Spenden sind für die Obdachlosen bestimmt und für sonst nichts.

Der Präsident des Stadtrates, Frédéric Dupont, hat als erster verstanden, daß er sich nicht mehr hinter der offiziellen Meinung verstecken kann, die da lautet, es handle sich nur um Clochards, die freiwillig im Freien übernachteten. Abbé Pierre kann ihn überreden, nochmals mit dem Polizeipräfekten zu sprechen. Der braucht nur seine Beamten zu befragen. Die Flics regeln nicht nur den Verkehr auf den Zufahrten zum Hotel Rochester. Sie dirigieren auch die angeblichen Clochards zu Abbé Pierres Strohlager.

Die städtischen Verkehrsbetriebe, die RATP, öffnen am Abend vier U-Bahn-Stationen: Saint-Martin, Rennes, Liège und Champ-de-Mars als Nachtquartiere. Bei hereinbrechender Nacht zum 2. Februar sind alle Voraussetzungen dafür geschaffen, daß niemand mehr auf den Straßen erfrieren muß. Doch woher sollen es die Betroffenen selbst wissen? Die haben kein Radio. In einem neuen Radioaufruf bittet Abbé Pierre um Freiwillige. Sie sollen ihre Viertel nach Obdachlosen durchkämmen, um sie in Sicherheit zu bringen. Universitäten und Schulen stellen Säle zur Verfügung. Turnhallen und Gemeindesäle werden für die Armen geöffnet. Die Post muß Verstärkung aus der Provinz in die Hauptstadt holen, damit die Briefflut bewältigt werden kann. 6000 Spendenumschläge treffen zwei Wochen lang täglich im Hotel Rochester ein. Die Polytechniciens haben alle Hände voll zu tun.

Vor dem Pantheon hält Abbé Pierre eine Dankesrede. Mit einer Hand stützt er sich auf seinen Spazierstock, mit der anderen hält er das Mikrofon. „Danke. Ein Alptraum hat aufgehört. Doch es reicht nicht, daß die Elenden nicht mehr sterben. Sie müssen auch leben können wie Menschen, als aufrechte Menschen."

Am nächsten Morgen erscheint die Boulevard-Zeitung France-Soir mit der Schlagzeile „Die Nacht der Barmherzigkeit" und verbucht stolz, daß dank der 50 Notzentren in der vergangenen Nacht in Paris niemand im Freien geschlafen hat. Abbé Pierre ist darüber hinaus auch aus einem anderen Grund stolz. Nicht nur den Obdachlosen ist geholfen. Die Gesellschaft verschließt die Augen nicht mehr vor der Not. Sie hat sich dadurch selbst geändert.

Innenminister Léon Martinaud-Deplat bleibt zwar stur (fünf Monate später wird er von einem Mann namens François Mitterrand abgelöst). Am liebsten hätte er mit Polizeigewalt diesen Rebellen ebenso vor die Tore von Paris gesetzt wie die Bettler. Doch zähneknirschend muß er ihn nun dulden. Es bleibt aber bei den Zwangsräumungen säumiger Mieter. Sie werden jetzt wenigstens nicht mehr erfrieren müssen. Für etwas ist dieser Abbé, den er wohl oder übel kennenlernen muß, also doch gut. Die Clochards und die Obdachlosen gehen nicht wählen. Um sie braucht man sich also nicht zu kümmern. Aber die zahllosen Spender. Ein falsches Wort in dieser Mitleidsstimmung, und die politische Karriere ist beendet. Tout Paris drängt sich im Rochester. Die meisten wollen wirklich helfen. Manche spielen aber auch nur das Stück „Die Schöne und der Clochard". Die Salons der Reichen und Schönen haben ihr Winterthema.

Der „Canard enchaîné" feiert Abbé Pierre auf seine Weise liebevoll als „Saint-Jean-Batisse" statt „Saint-Jean-Baptiste", Johannes der Erbauer statt Johannes der Täufer, ein sympathisches Wortspiel. Oder „Der Abbé an die Macht". Die Presse von links bis rechts ist für einen Augenblick einer Meinung. Die Ausnahme macht nur „l'Humanité", das Zentralorgan der Kommunistischen Partei. Das KP-Blatt sieht hinter der Hilfswelle nur ein „infames Manöver der Machthaber" und klagt die Regierung an, weil sie einem Abbé Radio, Presse und Räume zur Verfügung gestellt habe, um von der eigenen Unfähigkeit abzulenken. Im zweiten Punkt hat „l'Huma" nicht ganz unrecht. Im ersten aber völlig, denn die Regierung schwenkte schließlich nicht freiwillig auf Hilfskurs um und verabschiedete einen Monat nach ihrem ersten Nein das Ein-Milliarden-Notbauprogramm für Obdachlose.

Die Angriffe lassen Abbé Pierre kalt. Die KPF hat eben noch immer nichts kapiert. Sie zieht es deshalb vor, künftig über den Abbé zu schweigen. Sie hätte ja selbst etwas für die Armen tun können. Es waren ja nicht nur die Reichen, die sich mit Spenden beim Abbé drängten, sondern auch KP-Wähler. Doch der Abbé war für sie ein Rechter. Er hatte für die Volkspartei im Parlament gesessen, also war er ein Klassenfeind, er, der Robin der Dächer, der Sesam-öffne-dich, der Petrus der Maurer, um einige der vielen Namenserfindungen in den Zeitungen von damals zu zitieren.

10. Held und Mythos

„Eine der schwierigsten Zeiten meines Lebens war dieses Jahr 1954. Ich mußte lernen, mit der Popularität zu leben." Abbé Pierre wurde in wenigen Tagen so bekannt, daß Briefe ihn sogar aus dem Ausland erreichten, auf denen als Adresse nur stand: Abbé Pierre, Frankreich. Eine Bank mußte im Hotel Rochester eine Filiale öffnen, damit die vielen Einzahlungen vor Ort verbucht werden konnten.

Der rote Teppich wurde vor ihm ausgelegt, zuerst im Hotel Matignon, wo ihn Ministerpräsident Joseph Laniel empfing. Einige Tage später wartete im Elysée-Palast Staatspräsident René Coty auf ihn und ermunterte ihn weiterzumachen. Wie schnell hatte sich doch durch die Mobilisierung der Herzen in der Regierung alles verändert. Im Ministerrat hatten nach der „Nacht der Barmherzigkeit" mehrere Kabinettsmitglieder noch von einem Aufruhr gesprochen, der niederzuschlagen sei. Dieser populäre kleine Abbé konnte enorm gefährlich werden, weil er die Massen so zu mobilisieren verstand. Der Lumpensammler-Curé eine Bedrohung für die französische Republik – dabei wollte er doch nur „der Floh sein, der die träge und selbstgerechte Verwaltung und die Regierung stach, um ihr Blut auf Trab zu bringen".

Abbé Pierre kannte die Vorwürfe, als er mit halbstündiger Verspätung im Matignon eintraf. Kaum hatten ihn die Livrierten zu Laniel geführt, legte er deshalb schon los. Man mußte den Stier bei den Hörnern packen. „Herr Präsident, das Frankreich von heute ist nicht mehr das Frankreich von vor zehn Tagen. Es ist sich des Ausmaßes der nationalen Katastrophe bewußt geworden, die die Lage der Obdachlosen und notdürftig Untergebrachten bedeutet. Es ist sich aber auch bewußt geworden, daß diese Probleme nicht unlösbar sind."

Laniel unterbrach und spielte recht instinktlos auf die Mitarbeiter von Abbé Pierre an: „Sie haben die Lumpensammler. Sie sind mächtiger als ich."

Der Abbé antwortete mit einer simplen Rechnung: „Wenn Sie eine Milliarde Francs für den Wohnungsbau ausgeben, sparen Sie im Laufe der Jahre fünf bis zehn Milliarden Francs an Sozialausgaben." Mit dieser Rechnung argumentierte er inzwischen häufiger.

An einem Sonntag um 10.30 Uhr im Kino Gaumont-Palace an der Place Clichy. 7000 waren gekommen, nachdem eine beiläufige Radiomeldung den Vortrag von Abbé Pierre angekündigt hatte. Über die Leinwand flimmerte ein Wochenschaubericht über den Tod der Frau vom Boulevard Sebastopol. Auf einer Orgel ertönte das Lumpensammlerlied „Vagabonde". Abbé Pierre trat ans Mikrofon und zog zuerst Bilanz:

„Ich hatte 5000 Decken erbeten und etwas Geld. In weniger als drei Tagen haben die Franzosen 15000 Decken, 6000 Überdecken, 8000 Hosen, 1000 Westen, 5000 Paar Schuhe, 10000 Pullover, 1000 Hemden geschickt, und fast alles war neu. Ich weiß schon jetzt, daß mehr als 120 Millionen Francs zusammengekommen sind. Alles wird mit geringstem Aufwand direkt den Bedürftigen zugeleitet.

Natürlich weiß ich", fuhr der Abbé fort, „daß es auch Mißbrauch gibt. Daß einige kommen und die Spenden gleich verkaufen, um billig zu Geld zu kommen. Doch das sind die Ausnahmen. Wir können und wollen es nicht überprüfen, weil wir sonst zu lange bräuchten, um den Notleidenden zu helfen."

Als „monströse Unterstellung" kanzelte er all jene Pharisäer ab, die sich mit der Behauptung beruhigten, daß alles ja nicht so schlimm sein konnte, weil sich die Obdachlosen sonst doch schon längst selbst zu Wort gemeldet hätten. Spießer haben eben nie und nirgends eine Ahnung von der Wirklichkeit.

Und diese Wirklichkeit sieht in Abbé Pierres Kalkül so aus, daß der Staat Jahr für Jahr zusammen 200 Milliarden Francs für die subventionierte Produktion von Alkohol durch notleidende Winzer und Bauern und zur Bekämpfung der vom Alkohol verursachten Schäden ausgibt. „Wäre es nicht besser, die Ursachen des Alkoholismus zu bekämpfen, das Elend, das viele erst zur Flasche greifen läßt?" Keine Wohnungen zu bauen, bedeutet, „statt einer Milliarde zehn ausgeben zu müssen für die Tuberkulosekranken, die Alkoholiker, die Irren, die Prostituierten, für die Menschen ohne jede Hoffnung, die sich umbringen, für die kriminell gewordenen Kinder, für die Unglücklichen in ihrem Elend. Jedes Mal, wenn eine Milliarde für Wohnungen abgelehnt wird, müssen zehn Milliarden veranschlagt werden für Gerichte, Gefängnisse und Irrenanstalten."

Die Gardinenpredigt zeigt Wirkung. Der Saal bleibt für Sekunden mäuschenstill. Dann tosender Beifall und die 7000 sind sich brüderlich einig. Man singt die Marseillaise, „Allons enfants de la patrie ...", Auf, Kinder des Vaterlands.

Der Aufbruch reichte immerhin soweit, daß schon am 8. Februar in Plessis-Trevis im Département Seine-et-Marne östlich von Paris der erste Spatenstich für eine neue Siedlung für die Bedürftigen gemacht wurde. Gesellen des internationalen Bauordens, den der „Speckpater" Werenfried van Straaten als Hilfe für die obdachlosen Flüchtlinge und Vertriebenen in Deutschland gegründet hatte, leisteten einen ihrer ersten großen Einsätze in Frankreich ab. Die Freiwilligen arbeiteten in ihren Ferien, um anderen ein Dach über dem Kopf zu verschaffen. Hier hatten sie vier Tage lang rund um die Uhr das Baugelände erschlossen. Es sollte nicht ihr letzter Einsatz in Frankreich sein.

Die Aufnahmestellen platzten schon nach einer Woche aus allen Nähten. Eine richtige Lagerhalle wäre angemessen. Doch die war weit und breit nicht zu finden. Dafür erinnerte sich Abbé Pierre an den Bahnhof am Quai d'Orsay. Er wurde nicht mehr gebraucht (und sollte erst in den 80er Jahren zum Kunstmuseum umgebaut werden). Eine Anfrage beim zuständigen Verkehrsminister, ob er den Bahnhof in Beschlag nehmen könne, stieß auf wenig Gegenliebe. In dem Gebäude seien Lastwagen abgestellt, lautete die Antwort zunächst. Lastwagen könnte man draußen parken. Es sei ja auch nur für die Dauer dieser Winterhilfe. Das Ministerium dachte nach und arbeitete für eine Bürokratie ungewöhnlich schnell. Nach fünf Tagen konnten die Sachspenden in den Orsay-Bahnhof geleitet und von dort verteilt werden. Bald sollte der Bahnhof auch einer der größten Orte für wohltätige Versteigerungen werden. Die Lumpensammler hatten schließlich nicht daheim auf die Spenden gewartet. Sie entrümpelten und schleppten eifriger denn je herbei. Die Konjunktur war gut, und für manch wertloses Stück konnte in der allgemeinen Wohltätigkeitsstimmung ein unerwartet guter Preis erzielt werden.

Über dem Bahnhof prangte nun in großen Buchstaben „Bahnhof der Hoffnung. Paris hilft Ihnen". Die Leitung hatte ein Unternehmer aus Lille übernommen. Der

Direktor und Mitinhaber des Pariser Kaufhaues Bazar de l'Hotel de Ville, kurz BHV, Georges Lillas stellte Lastwagen zur Verfügung. Er hatte ein Jahr zuvor an Weihnachten den Kindern im Wald von Pomponne Geschenke gespendet und blieb seither der Emmaus-Gemeinde helfend verbunden.

Freilich – auf die Schnelle konnten zwar Zelte aufgestellt und Strohballen ausgelegt werden, damit niemand mehr erfrieren mußte, und 30 000 Familien konnten im Laufe der Wochen mit warmen Wintersachen eingekleidet werden. Doch Wohnungen waren so rasch nicht aus dem Boden zu stampfen.

Abbé Pierre erinnerte sich, daß General de Gaulle noch als Chef der provisorischen Regierung gleich nach der Befreiung die gesetzlichen Grundlagen zur Beschlagnahmung leerstehender Wohnungen gelegt hatte. Doch davon wurde im Gegensatz zum Rauswurf zahlungsunfähiger armer Schlucker nie Gebrauch gemacht. Tatsächlich sollte es noch 40 Jahre dauern, bis der Bürgermeister von Paris, Jacques Chirac, im Januar vor seiner Wahl zum Staatspräsidenten endlich zuließ, daß solche Wohnungen zugunsten Obdachloser beschlagnahmt wurden. 1995 waren es 2000. Genausoviele standen 1954 leer, schätzte Abbé Pierre damals wie heute.

Mit Regierungshilfe war nichts zu gewinnen. Also berief Abbé Pierre seine erste Pressekonfrenz an den Quai d'Orsay ein und verkündete ein neues Programm.

Die „Operation Entrümpelung" begann. Er forderte die Pariser auf zu prüfen, ob nicht leerstehende einstige Dienstmädchenzimmer und -wohnungen, unbenutzte Räume, die zum Bewohnen herzurichten waren, für Obdachlose bereitgestellt werden könnten. Seine Lumpensammler würden außerdem das oft in solchen Kammern abgestellte Gerümpel abholen.

Drei Fliegen wollte Abbé Pierre auf einmal schlagen. Er kannte seine Landsleute. Erstens wurden Räume gewonnen. Zweitens verschaffte er vielen ein ruhiges Gewissen, zumindest nahm er dies an. Drittens konnten seine Lumpensammler das Material entweder in gewohnter Manier aufarbeiten und verkaufen oder gleich den Schrotthändlern verkaufen.

Am 8. Februar war die erste Tour mit 400 Fuhren im vornehmen VI. Arrondissement angesetzt. Am Abend blickten die Helfer auf 400 Tonnen Eisenstücke, 250 Stück Möbel und 100 Tonnen Kleidung. Am nächsten Tag dieselbe Ausbeute im VII. Bezirk. Der Staat trug schließlich auch etwas bei. Er verzichtete auf die zwölf Prozent Steuern, die bei den Versteigerungen fällig gewesen wären. Die Wohnungsbilanz blieb dennoch für eine Millionenstadt wie Paris bescheiden: 350 Familien konnten untergebracht werden.

Eine Schallplatte „Abbé Pierre spricht zu Ihnen" kam in Rekordgeschwindigkeit auf den Markt. Künstler gaben Konzerte für die Obdachlosenhilfe, und General de Gaulle schickte einen beachtlichen Scheck und bat um Verschwiegenheit.

Charlie Chaplin bat Abbé Pierre zu sich ins beste Hotel am Platz, dem Crillon an der Place de la Concorde, und übergab ihm einen Umschlag. Der Inhalt war dem Rahmen angemessen: fünf Millionen Francs. Chaplin vermachte damit dem Abbé die Hälfte des ihm kurz zuvor in Prag verliehenen Friedenspreises.

Auch der schlimmste Winter geht einmal vorüber. Abbé Pierre beschlich ein ungutes Gefühl. Was würde geschehen, wenn die offensichtlichste Not vorbei war? Wenn die Clochards in der Sonne dösten und den Anschein der heilen Welt erweckten, der glauben machte, daß die Pariser Bettler Lebenskünstler seien, die es nicht anders wollten, als demonstrativ zur folkloristischen Attraktion für Touristen zu gehören? Oben Pigalle, unten der Clochard.

Abbé Pierre wollte unbedingt so viel vom guten Willen für die Obdachlosen bewahren wie nur möglich. Das konnte aber nur eines heißen: möglichst schnell mit dem Bau von Wohnungen beginnen und feste Zusagen sichern, vor allem vom Staat. Der zeigte sich vordergründig generös, auch wenn weiterhin Hausbesetzer von der Polizei abgeführt und festgenommen wurden.

In der sechswöchigen Fastenzeit räumte das Fernsehen Abbé Pierre wöchentlich eine Sendung ein, damit er ein möglichst großes Publikum erreichte. Die Regierung tüftelte einen Plan aus, der – vielleicht – helfen konnte, sie aber nichts kostete und dennoch in der Öffentlichkeit ihr Ansehen stärken sollte. Die Zahlen wurden nicht mehr schöngeredet: 2,2 Millionen Wohnungen fehlten. Seit Kriegsende hätten jährlich 400 000 Wohnungen gebaut werden müssen. Aber nur ein Zehntel war verwirklicht worden.

Wenn der französische Staat dringend Geld braucht und Steuererhöhungen entweder nicht opportun sind oder der Francs damit nicht schnell genug anrollt, greifen die Regierenden in Paris auf ein bewährtes Mittel zurück: die Staatsanleihen. Mal heißen sie eigentlich nur so, weil es einmalige und schlecht verzinste Zwangsabgaben sind. Mal werden sie zwar jedem Steuerzahler verordnet, aber mit festen Laufzeiten und akzeptablem Zins.

Dieses Mal war allerdings alles anders. Die Regierung tat nur so als ob. Man bat Abbé Pierre ins Ministerium und erläuterte ihm, wie er zu Baugeld kommen könnte. Der Staat legte in seinem Namen eine Anleihe in Höhe von zehn Milliarden Francs auf. Der Abbé spürte zwar, daß er mit seinem Namen über den Tisch gezogen werden sollte. Doch er zog es vor zuzustimmen, damit überhaupt etwas geschah.

Die Anleihe wurde tatsächlich ausgeschrieben. Doch die Regierung sah sich damit aus der Pflicht entlassen. Sie rührte keinen Finger mehr, um der Anleihe zum Erfolg zu verhelfen. Ministerpräsident Laniel brachte es gar fertig, eine Rede über den notwendigen Wohnungsbau zu halten, ohne auch nur eine Silbe über die Anleihe zu verlieren. Das besitzende Frankreich überging sie ebenfalls. Meistens waren es kleine Leute, die zeichneten. Statt der geplanten zehn Milliarden kamen nur zwei zusammen.

Am 15. November war die erste Notsiedlung in Plessis-Trévise fertig. Bauminister Maurice Lemaire kam zur Eröffnung. Abbé Pierre war gesundheitlich angeschlagen und konnte kaum seinen 4 CV verlassen. Richtige Freude wollte bei ihm trotz des Etappensieges nicht aufkommen. Ahnungsvoll notierte er: „Die große Revolte ist am Ende. Jetzt kehrt die Zeit der langsamen und beharrlichen Arbeit zurück."

Die Siedlungen sollten die schwerste Not lindern. Sie sollten die ärmsten Familien aus dem Elend reißen und ihnen eine bessere Zukunft eröffnen. Sie waren nicht für die Dauer gedacht und gebaut und würden dennoch ein langes Leben bestehen, über zwei Jahrzehnte. Die französischen Bauunternehmer zogen den lukrativeren Komfortwohnungsbau vor.

1954 wurde aus Henry Grouès endgültig jener Abbé Pierre, den fast ganz Frankreich kannte und verehrte. Wo er auftrat in einer Zeit, in der das Fernsehen noch ein Minderheitenprogramm war, versammelten sich die Menschen um ihn, um ihn zu sehen. Er war ein Star des Rundfunks, der Zeitungen und der Magazine. „Und fand am Anfang sogar Gefallen daran", wie er offen bekannte. „Mein Gott, es ist absolut nicht unangenehm, wenn man die Sympathie spürt, die einem entgegengebracht wird, die Bewunderung, alles, was man will. Aber darüber hinaus kann ich nur sagen, daß es nichts Schlimmeres gibt!" Bald möchte er nur noch in Frieden gelassen werden und mit seinen Compagnons Lumpen sammeln und für die Armen da sein.

Im Sommer 1954 zwingt ihn, wie schon oft, eine Krankheit zu diesem ersehnten Frieden. Eine Kieferinfektion wirft ihn aufs Krankenbett. Mitte November muß er operiert werden. Mit Unterbrechungen wird er von den nächsten vier Jahren fast die Hälfte auf dem Krankenlager verbringen und nur langsam genesen. Die beiden vorangegangenen Jahre haben zuviel Kraft gekostet. Es fällt ihm erst auf, als er endlich Ruhe findet, über die Zukunft nachzudenken.

Die Presse lernt er in dieser Zeit von einer anderen Seite kennen. Nicht die Not und seine einfallsreichen Aktionen füllen die Spalten. Abbé Pierre ist bereits ein französischer Mythos. Sein Gesundheitszustand bewegt die Massen. Abbé Pierre fühlt sich fehl am Platz. Die Popularität wird zur nutzlosen Last. Henry Grouès-Abbé Pierre ist gerade 42 Jahre alt.

Er braucht dringend Ruhe. Ein altes Karmelitenkloster im Hinterland von Nizza, Notre-Dame von Laghet, bietet Abgeschiedenheit und Stille. Bevor er jedoch den Koffer packt, läßt er sich versichern, daß die Kinder, die in einem Zelt in Noisy-le-Grand vorläufig versorgt sind, innerhalb von zwei Wochen ebenfalls an der Cote d'Azur untergebracht werden. Den Winter über können sie nicht im Zelt bleiben.

In Laghet setzt Abbé Pierre endlich ein Buch fort, das er immer wieder angefangen und weggelegt hat. Zuerst das Handeln, dann das Meditieren und Schreiben. Jetzt war Zeit für „La Misère juge Le Monde" (Das Elend urteilt über die Welt).

> Riesige Städte,
> wo die Starken herrschen,
> wo die Unbekannten weinen,
> verrückte Städte,
> überentwickelt,
> und doch fehlt es
> im Herzen der Welten
> an allem.
>
> Sinnlose Erden,
> die nicht mehr
> Stätten sind,
> wo der Mensch noch weiß,
> daß er ein Mensch ist.
>
> Wer gibt euch die Sterne zurück?
> All euer betörender Schein
> hat sie getötet.
>
> Lernt manchmal, alles zu löschen,
> damit die Sterne wieder leben.

Wochenlang bleibt Abbé Pierre unbehelligt. Die Medien haben seine Spur verloren. Gerüchte kursieren. Lebt er noch? Liegt er im Koma? Selbst die Emmaus-Gemeinden wissen nicht recht, woran sie sind. Ohne die überragende Persönlichkeit des Abbé gibt es schon bald Streitereien. Hatte der Abbé schon seine liebe Not mit dem plötzlichen Erfolg und der schnellen Ausweitung seines Hilfswerkes, so erst recht die Mitarbeiter. Manche waren erst seit kurzem dabei und hatten ganz andere Vorstellungen von Nothilfe. Ihnen war das Untertauchen des „Paters" nicht unwillkommen. „Er hat doch eine Menge Fehler gemacht." Es gärte bei Emmaus.

Doch das war kein Thema für die Zeitungen, weil zu subtil. So etwas interessierte die Leser nicht. Für einen Streit über die christliche Nächstenliebe legte sich kein Paparazzo auf die Lauer. Die wollten den Abbé selbst finden, am liebsten als ein Häufchen Elend oder halbtot. Zwei Reporter der Illustrierten Paris-Match heften sich an die Fersen der getreuen Lucie Coutaz, die diskret die Verbindung hält. Über sie läßt er auch einen Protest gegen ein Gerichtsurteil veröffentlichen, der ganz an den alten, kämpferischen Abbé Pierre erinnert: „Seit langem hat es in Paris keine Räumung von Häusern mehr gegeben, die von Obdachlosen besetzt wurden, weil sie leerstanden. Das jetzige Urteil ist eine Kriegserklärung. Wir nehmen die Herausforderung an."

Wenn man den leibhaftigen Abbé Pierre nicht zeigen kann, ist die Meldung aber so viel wert wie viele gutgemeinte Presseerklärungen. Die beiden Match-Journalisten haben inzwischen schon herausgefunden, daß er irgendwo bei Nizza leben muß. Lucie Coutaz hängt sie zunächst geschickt ab. Doch eines Tages gelingt es ihnen doch, ihr Taxi nicht mehr aus den Augen zu verlieren. Abbé Pierre ist entdeckt und glücklicherweise so weit erholt, daß er den Journalisten Rede und Antwort stehen kann. Er kündigt eine Reise nach Amerika an, um seinen Kreuzzug der Nächstenliebe gegen Hunger und Obdachlosigkeit auch in die Neue Welt zu tragen.

11. Opfer der Kirche

Bequem war Abbé Pierre nie. Die radikale Selbstverleugnung hat ihm eine Freiheit verschafft, von der er ohne Rücksicht Gebrauch machte. Die Wahrheit war ihm wichtiger als Konventionen. Der Konflikt mit der eigenen Kirche lag seit langem in der Luft, und der Vatikan zu Zeiten des versteinerten Papstes Pius XII. war das genaue Gegenteil von Abbé Pierres Vorstellungen einer lebendigen Kirche. Der Krieg hatte auch an der Kirchen-Basis längst eine neue Zeit eingeläutet.

In Frankreich hingen Priester ihre Soutanen an den Nagel und gingen in die Fabrik, um die für die Kirche verlorenen Arbeiter wiederzugewinnen. Als Kumpel wollten sie an den Werkbänken und Fließbändern malochen und ihren Glauben bezeugen. Unvorstellbar für den Vatikan, der immer mehr Mühe hatte, die gesellschaftlichen Veränderungen nach dem Krieg zu verstehen. Das Aggiornamento von Johannes XXIII. war überfällig. Es hing zuerst in Frankreich in der Luft. Doch zuvor wurden 1959 die Arbeiterpriester verboten.

Abbé Pierre war nicht minder ein Ärgernis. Nicht viele Bischöfe standen auf der Seite dieses radikalen Evangelisten. Aber der Abbé war in Frankreich so etwas wie ein Unberührbarer geworden. Der Episkopat fand sich damit ab. Lediglich einer hatte Verständnis für ihn – der Bischof von Cambrai, Emile Maurice Guerry, der in den Kriegsjahren Generalvikar von Grenoble gewesen war und noch den Vikar Henry Grouès gekannt hatte. Er schrieb ihm: „Unsere Rolle als Bischöfe scheint darin zu bestehen, Ihnen die volle Freiheit zu lassen. Ein Patronat durch die Kirche würde klerikalisieren oder zumindest so aussehen und ohne Zweifel bei vielen Leute Ihre Aktion blockieren." Abbé Pierre bedankte sich für diese „Segnung der Freiheit".

Bei einem Besuch in Kanada lernte der Obdachlosen-Curé kennen, was kirchliche Bauprojekte sein können. Auf dem Wallfahrtsberg Mont-Royal sprach er vor 20 000 Menschen zur Eröffnung der neuen Josephs-Basilika. Politik, Gesellschaft und Kirche waren in Festtagsrobe erschienen. Die hohen kirchlichen Würdenträger fuhren im reichen Kanada standesgemäß im Straßenkreuzer vor.

Abbé Pierre packte die Wut und holte zu einer Predigt aus, nach der es ihn nicht gewundert hätte, „wenn sie mich gesteinigt oder erhängt hätten. Doch so ist nun mal das Evangelium". Gewiß seien Kultstätten nötig, um zu beten und sich zu versammeln. Das sei schließlich das Urwort für Kirche. „Doch so lange es in Ihrer Stadt noch Elendsbehausungen gibt, so lange reichen vier Mauern und ein Dach. Wir ehren Jesus nicht mit Gold, Marmor und Prunk." Der Bischof von Montreal, der legendäre Paul Emile Léger, war der einzige, der ihn danach noch zu einem Vortrag einlud. Er bekannte dem Abbé: „Sie sind die Ursache der schlimmsten Prüfung meines Priesterlebens gewesen. Ich bitte Sie aber, machen Sie weiter so."

Die anderen Bischöfe, vor allem die Amerikaner, wandten sich empört und schockiert ab, als wäre der Prediger im Auftrag des Kreml gekommen.

Das war nur eine von vielen Denunzierungen, die beim Vatikan gegen diesen „verrückten Pfarrers" vorgebracht wurden. Sie stapelten sich langsam. Der Mann mußte zum Schweigen gebracht werden. Doch mit einem simplen Verbot war es nicht getan. Das hätte einen Riesenwirbel verursacht. Abbé Pierre war eine moralische Instanz geworden, vor der sich die Mächtigen neigten und die manche für ihre Zwecke auszunutzen trachteten. Der Philosoph Roland Barthes beschrieb ihn später mit den Worten: „Der Mythos des Abbé Pierre verfügt über einen kostbaren Trumpf: den Kopf des Abbés. Es ist ein schöner Kopf, im Zeichen der Heilsbotschaft: der gute Blick, der franziskanische Umhang, der Bart des Missionars und der Stab des Pilgers."

Davon konnte auch die Kirchenleitung nicht absehen. Dennoch mußte versucht werden, ihn zu disziplinieren. Und dabei ging man äußert subtil vor, gemein und intrigant.

1955 spürte Abbé Pierre, daß es mit der Improvisation der Anfangsjahre mit Emmaus nicht weitergehen konnte. Im Ausland hatten sich bereits Gemeinden unter seinem Namen gebildet. Ein Mindestmaß von Struktur war unausweichlich. Ein Vorstand, der die Gruppen koordinierte, und ein Büro in Charenton, einem Pariser Vorort, wurden eingerichtet. Aus freiwilligen Helfern wurden Angestellte einer Organisation. Mit im Vorstand übrigens der große Gönner von Emmaus, der BHV-Direktor Lillaz.

Das kam der „Regierungskirche" gelegen. Bei soviel Arbeit war es doch nur logisch, daß Abbé Pierre einen geistlichen Assistenten bekam. Großzügig stellte der Erzbischof von Paris, Kardinal Lienart, einen Priester ab, Abbé Leurent, und bald sogar noch einen zweiten Helfer. Man war ja so verständnisvoll. In Wirklichkeit waren die Assistenten Aufpasser der Bischofskonferenz, die den Rebellen Gottes sanft vom Irrweg der Freiheit und dem

Gebrauch seines Charismas abbringen sollten. In diesen kirchlichen Köpfen bestand die Freiheit nur in der Freiheit zu gehorchen.

Abbé Pierre wurde bald eine leichte Beute für das undurchsichtige Spiel der kirchlichen Hierarchie. Im Dezember 1957 brach er physisch und psychisch zusammen. Der Bischof von Grenoble, André-Jacques Fougerat, zu dessen Diözesanklerus der Abbé offiziell noch immer gehörte, befahl ihm, sich umgehend in die Behandlung von Doktor Charles Durand in der Klinik Rives de Prangins in Lausanne in der Schweiz zu begeben. Der Schweizer Arzt war der Kirche besonders verbunden. Er diagnostizierte einen Magendurchbruch. Abbé Pierre mußte operiert werden. Vor und nach dem Eingriff am 18. Dezember versuchte Durand seine chemische Therapie. Acht Tage wurde der Patient ohne Nahrung im Tiefschlaf gehalten. Die Operation glückte. Doch aus den komaartigen Zwangsbewußtlosigkeiten erholte sich Abbé Pierre nur langsam.

Mit raffinierten Vollmachten erreichte der angeblich so fürsorgliche Arzt, daß er den Patienten nicht nur behandeln konnte, sondern ihn auch völlig von der Außenwelt abschirmen durfte. Mit anderen Worten: Abbé Pierre wurde zwangsisoliert. Ein ärztliches Gutachten des Rom-treuen Durand eröffnete ihm schließlich nach der Operation: „Pater, Sie müssen sich damit abfinden, daß Sie nie mehr etwas unternehmen können. Sie werden nie mehr die Kräfte zu einem aktiven Leben finden."

Das war das Schlimmste, was dem Mann der Aktion angetan werden konnte, das mußte die Genesung vereiteln. Biograph Lunel betont, er habe keine Beweise, sei aber sicher, daß alles ein abgekartetes Spiel war, um Abbé Pierre mundtot zu machen.

Offenbar gezielt gestreute Zeitungsmeldungen, Desinformation nennen es die Geheimdienste, bestätigten seine Annahme. Alle gingen davon aus, daß Abbé Pierre nie mehr zu seinem Emmaus-Werk zurückkehren könne. In Paris wurde bereits sein Zimmer geräumt. Lucie Coutaz wurde auf die Straße gesetzt und ihrer Arbeit entbunden. Die Kirche wollte anscheinend mit dem Armenwerk ihres unangepaßten Pfarrers gründlich aufräumen und daraus ein vom Episkopat kontrolliertes wohltätiges Werk machen. Die nach ihren Vorstellungen gottlose Gesellschaft des Abbé durfte nicht mehr länger geduldet werden.

Es wäre der Tod von Emmaus gewesen. Trotzdem fanden sich genügend Hilfswillige des Episkopats, die bei Emmaus mitmischten und die Stunde für gekommen sahen, dort die Macht zu übernehmen. Schon bildeten sich dem Abbé treu ergebene Spaltergruppen. Das Schisma schien unvermeidlich. Die Kirche war bereit, ein Werk zu opfern, weil es bewußt unkonfessionell war, nicht in ihre Schablone von Rechtgläubigkeit paßte und der geistige Inspirator nur Gott und seinem Gewissen folgen wollte.

Arzt Durand bestätigte fast unverblümt die Absicht in einem Brief vom 14. Januar 1958 an Bischof Fougerat: „Die Aktivität von Abbé Pierre muß stets von seinem Arzt kontrolliert werden, der seinen Tagesablauf regeln wird. Er muß der Kirche in Ihrer Person als Vertreter der Hierarchie die Garantien geben, daß sie ausreichen, um die wichtigsten Mitarbeiter der Emmaus-Bewegung zu beruhigen." Verklausuliert und dennoch eindeutig wurde damit gesagt, daß der Arzt dem Abbé gerade so viel Freiraum ließ, wie er zum Leben brauchte, und zugleich so wenig, daß er sich in nichts mehr einmischen konnte, was die Konspirateure beunruhigen könnte. In Charenton jubelten einige schon: „Endlich Schluß mit dem Götzendienst." So lieb können Christen im Dienst der Kirche sein.

Der sicherste Desinformant wurde günstig plaziert. Pater Monnier sollte Abbé Pierre assistieren. Auf ihn gehen vermutlich Indiskretionen zurück, die zuerst am 23. Februar 1958 im Londoner „Sunday Express" erschienen und danach von der „Paris-Presse" aufgegriffen wurden: „Der geistige Vater von Emmaus hat entdeckt, daß die Menschheit nicht so schön und großzügig war, wie er geglaubt hatte! Tief entmutigt durch die Undankbarkeit der Elenden ist er am Ende seiner Kräfte." Folge: „Abbé Pierre gibt alle seine Funktionen auf."

Wer auch nur eine oberflächliche Kenntnis vom Emmaus-Gründer hatte, mußte auf den ersten Blick erkennen, daß das von vorne bis hinten erfunden und erlogen war. Zwischen dieser Unterstellung und Abbé Pierres Denken lagen Welten. Seine Reaktion wäre gewesen, die Unglücklichen noch mehr zu lieben, wenn er schon enttäuscht gewesen wäre. Das konnten aber die eilfertigen Opportunisten der Hierarchie nicht erfassen. Das war zu sehr Bergpredigt pur. Zum Schutz vor ihr hatte die Kirche einen dicken Wall der Theologie gebaut. Abbé Pierre sprach von einer konstantinischen Deformation der Kirche, die sich seit dem vierten Jahrhundert, als sie Staatskirche mit allen Privilegien wurde, vom Evangelium entfernte. Statt es zu verkünden, „machte sie das kanonische Recht daraus".

Abbé Pierre empfand diese „lange Nacht" als „Abrahams Opfer". Im Sommer 1958 zeichnet sich dennoch die Wende ab. Er darf zur Rekonvaleszenz in die Benediktinerabtei Hauterive bei Freiburg in der Schweiz. Im Herbst folgen Wochen in der Eremitage des Voirons in Hochsavoyen. Er findet trotz der düsteren Prophezeiungen der Ärzte zu sich selbst zurück. Vor allem spürt er die alte Energie wieder. Sein Glauben hilft, und die Erfahrung der siebenjährigen Klosterzeit ist nicht vergessen. Die Streitereien bei Emmaus in Frankreich klingen ab. Langsam setzt sich die Erkenntnis durch, daß Abbé Pierre und seine Compagnons sich nicht so leicht abservieren lassen.

Die Querelen widern den Abbé dennoch an. Sein Blick schweift deshalb lieber in die Ferne. In Asien, Lateinamerika und Nordeuropa haben sich Emmaus-Gemeinden gebildet, die ermutigt werden müssen. Einer der Aktiven in Südamerika, Pater José Balista, besucht ihn im Herbst und erzählt ihm von den anwachsenden Elendssiedlungen der lateinamerikanischen Großstädte. Abbé Pierre „spürt die Antikörper des Zorns über soviel soziale Ungerechtigkeit", wie Lunel den neuen Zustand beschreibt. Sie machen ihn immun gegen die Krankheit und wecken die Lebensgeister neu. Er verläßt die ärztliche Obhut. Die episkopale Repression, Lunels „medicospirituelle Konspiration", hat ihr Ziel verfehlt.

Der Prophet hat überlebt. Er hat gerade erst seine Lebensmitte erreicht. Und Emmaus hatte seine Seele wiedergefunden. Die Auseinandersetzungen in den vergangenen Monaten offenbaren einen fundamentalen Mangel. Emmaus war zu groß geworden, und der prominente Abbé lebte nicht mehr in der täglichen Nähe seiner Compagnons. Ob er wollte oder nicht, er war für die meisten in der Gemeinschaft inzwischen ein Ehrfurcht gebietender Mythos. Wollte er sein Werk auf dauerhafte Grundlagen stellen, mußte eine Führung eingesetzt werden, die unabhängig von ihm, mit eigener Glaubwürdigkeit und eigener Überzeugungskraft den Gründer fast vergessen ließ. Wie sagte einer seiner alten Compagnons, als er einmal zu einer riskanten Reise aufbrach:

„Pater, seid vorsichtig, weil wir nur Sie haben." Das durfte nicht so bleiben.

Der Aufbau einer solchen Führung war mühsam. Rückschläge stellten sich ein, und Abbé Pierre mußte Angriffe abwehren, die nicht nur aus Ignoranz und Arroganz kamen. Sie mußten für die künftige Arbeit ernst genommen werden.

Eine Kritik, die den Kern traf, provozierte ein Mitarbeiter, Pater Joseph Wrezinski. Er stammte aus einer zerrütteten Familie, ging in die Lehre, wurde Arbeiter, bevor er seiner Berufung zum Priesteramt folgte. In Département Aisne arbeitete er als Landpfarrer in einer entchristlichten Umgebung. Das Bild vom gottergebenen Landmann trifft in Frankreich nicht zu. Seit der Revolution gibt es tief katholische Bauernregionen ebenso wie absolut atheistische. Die Lebenserfahrung läßt Pater Joseph nicht ruhen. Er läßt sich für Abbé Pierre freistellen und übernimmt eines der armseligsten Notaufnahmelager in Noisy-le-Grand, dort, wo heute eine der modernsten Trabantenstädte entstanden ist mit Mietskasernen, aber in Form eines Theaters oder einer Arena oder einer aufrecht gestellten Scheibe. Der Beton machte die futuristische Gestalt möglich. Doch eine gerechtere Gesellschaft konnten die pyramidenförmigen und kubischen Blöcke auch nicht schaffen. Noisy-le-Grand steht auch 1995 für Schlagzeilen wegen Gewalttaten.

1959 stand es schon einmal in der Zeitung. „Paris-Presse" veröffentlichte eine Reportage, die von Pater Joseph angeregt worden war:

„Am Eingang, am Rand der unbefestigten Straße, die durch die Gemüsefelder im Osten von Paris führt, hing ein Schild. Es war vom Regen ausgewaschen. Eine zornige Hand hatte ein Brett darüber genagelt. Dennoch konnte man noch entziffern: ‚Dieser Weiler der Verzweifelten wurde zu Ehren jener errichtet, die durch ihre Arbeit und ihre Gaben den Bau ermöglicht haben, zur Schande einer Gesellschaft, die nicht in der Lage war, ihre Arbeiter würdig unterzubringen. Abbé Pierre.'

Es regnete. Doch niemand schien darauf zu achten. Frauen, häufig in Lumpen, kamen fluchend und schimpfend vorbei. Selbst bei den harmlosesten Wortwechseln klang aus ihren heiseren Stimmen Haß oder Irrsinn. Ein Rudel von verkommenen Kindern watete durch die Wasserlachen oder stampfte bis zur Erschöpfung mit dem herum, was von einem Roller übriggeblieben war.

Ein Mädchen kreuzte meinen Weg. Es war vielleicht 15 Jahre alt. Ihre Brüste spitzten sich unter einem zweideutigen Polohemd. Es hatte freche und glänzende Augen.

Den Abbé Pierre kannte sie. ‚Ach ja, er träumt. Er philosophiert. Er läßt sich fahren. Er macht sich was vor. Es war für seinen trügerischen und komplizierten Geist einfach, hier mit dem gespendeten Geld von 1954 ein Modell-Lager aufzumachen. Er träumt. Er redet. Er schwätzt, und wir? Wir haben noch immer kein Leitungswasser. Man meint, man lebe im Mittelalter. Der Heilige Vincent von Paul oder sowas! Paternalismus und Demagogie! Im 20. Jahrhundert klappt das nicht mehr!'

Der Regen fiel auf die Soutane von Pater Joseph. In dieser Gewalt lag etwas von Hoffnungslosigkeit."

Abbé Pierre nahm es zur Kenntnis. Doch nicht er hielt sich für einen Träumer, sondern Pater Joseph schien die Wirklichkeit aus den Augen verloren zu haben. „Das, was am meisten fehlt, Komfort, gesunder Geist und Hoffnung, haben ihn blind gemacht. Deshalb vergißt er, daß in Noisy 100 Millionen noch vor seiner Ankunft vor drei Jahren ausgegeben wurden. 300 Familien konnten

untergebracht werden, zweifelsohne schlecht, aber immer noch besser als in Zelten, in denen sie vorher monatelang hausten, oder im Wald von Pomponne. Er vergißt auch, daß über hundert Familien aus dem Lager von Noisy gute Wohnungen erhalten haben. Er vergißt vor allem, daß dieser Weiler als Starthilfe gebaut wurde und nicht als Dauerzustand. Und daß Emmaus schließlich mit den Staatsdarlehen 1825 HLM und 450 Einfamilienhäuschen in Aulnay, Blanc-Mesnil, Saint Ouen, Vitry, Chatillon, Pontault, Garenne usw. bauen konnte."
HLM sind Wohnungen mit niedrigen Mieten und entsprechen dem deutschen Sozialwohnungsbau. „Hier ist Emmaus verunglückt. Man kann nicht nur den Menschen etwas geben, ohne ihnen gleichzeitig die Möglichkeit zu verschaffen, nicht mehr passiv zu bleiben."

Abbé Pierre erkannte an, daß es eben das gab, was landläufig als Gesindel bezeichnet wird. Mit ihm hatte es Pater Joseph besonders zu tun. Emmaus war bei denen an seine Grenzen gekommen, die die Hilfe kassierten, ohne je daran zu denken, die damit verbundenen Chancen zu nützen, aus Ignoranz, Dummheit oder fehlendem Willen.

Der gravierendste Unterschied zwischen den beiden charismatischen Persönlichkeiten liegt, modern gesprochen, in der Zielgruppe. Abbé Pierre will gestrandeten Menschen helfen, die ohne Dach über dem Kopf und ohne Adresse den Weg zurück in die Gesellschaft nicht mehr gefunden haben und darunter zerbrochen sind oder zu zerbrechen drohen. Mit einer „Adresse", wenn man so will, bietet er ihnen den Einstieg in die Resozialisierung. Danach ist ihre Initiative gefragt.

Pater Joseph betreibt pure Sozialarbeit an Menschen, die zuerst einmal den Willen zur Rückkehr in die Gesellschaft entwickeln müssen.

Auch im frühen Emmaus war jeder aufgenommen worden, und mancher war auch wieder nach einer warmen Suppe und einem Bett für die Nacht gegangen. Emmaus lief ihnen nicht nach. Das Angebot war offen. Es mußte genützt werden. Die Leute, die in Noisy hängengeblieben waren, wollten dies offenbar nicht. Außerdem konnte Abbé Pierre selbst mit der größten Organisation nicht den Staat ersetzen. „Emmaus fuhr sich in Noisy fest, aber Noisy klagte den Staat an."

Abbé Pierre trennte sich von Pater Joseph, der daraufhin sein eigenes Hilfswerk gründete – „Aide a toute détresse", ATD, Hilfe in jeder Verzweiflung. Das war nicht mehr Obdachlosenhilfe. Joseph ging in die Elendsviertel und kümmerte sich um die Alltagsprobleme von asozialen Familien und ihren Kindern, eine ganz andere Ausrichtung. Es war seine Bestimmung. Er schrieb seine Gedanken in einer Broschüre nieder. Nach seinem Tod fand man ein Exemplar mit einer Widmung: „Für Abbé Pierre, dem ich verdanke, daß ich derjenige Priester bin, der ich bin. Gott sei gedankt."

12. Der Kommando-Unternehmer

„Früher hatte jeder Dorfdepp seinen Platz, und wenn er auch nur den Blasebalg beim Schmied trat", schrieb Abbé Pierre einmal über die Krise der modernen Gesellschaft. Nicht jeder hatte mehr seinen gesicherten Platz, schon gar nicht die „Unnützen", und das nicht nur in den Städten. Wer geglaubt hatte, daß die Not auf dem Land in den frühen 50er Jahren geringer gewesen wäre, irrte sich. Die Dörfer Frankreichs kannten dieselben Probleme, nur fand sich dort leichter eine Scheune oder ein Unterschlupf, die Obdachlose und Entwurzelte aufnehmen konnten.

Als einen solchen Unterschlupf hatte sich eine verzweifelte junge Mutter für ihr Neugeborenes den Beichtstuhl der Dorfkirche von Saint-Nicolas-des-Bois im normannischen Département Orne, 15 Kilometer von Alencon entfernt, ausgewählt. Pfarrer Esnault suchte und fand eine Ersatzmutter für das Findelkind. Es sprach sich schnell herum, und in der folgenden Woche lagen schon vier kleine Kinder dort, wo sonst die Sünden der Dörfler abgeladen wurden.

Es gibt manche Gründe, warum junge Mütter ihre Neugeborenen aussetzen – Angst einer ledigen Frau vor der Schande, Egoismus oder soziale Notlage. Der Landpfarrer ging davon aus, daß das schlimmste Problem wohl die Wohnungsnot sei. Obdachlose Frauen oder eng zusammengepferchte junge Paare, die keinen anderen

Ausweg wußten, da lagen wohl die Probleme. Er schrieb an den in diesem Jahr 1956 von seiner Krankheit und der Genesungsgefangenschaft gefesselten Abbé Pierre.

Er schuf damit einen willkommenen Anlaß, den sich breit machenden Bürokraten in der Emmaus-Gemeinschaft den besseren Weg zu weisen. Ein neuer Impuls packte einige Altgediente: zurück zu den Ursprüngen, denen die Compagnons der ersten Stunde treu bleiben wollten. Sie fühlten sich nicht mehr wohl im Apparat des so erfolgreichen Emmaus.

Abbé Pierre beauftragte deshalb einen seiner engsten Mitarbeiter, Paul, ein Compagnon, der 1953 zu ihm gefunden hatte und von den Interimsherren an den Rand gedrängt worden war: „Ich habe Arbeit für dich. Geh hin und hilf ihnen auf deine Art." – Gefragt war wieder die Art der Lumpensammler. Paul versammelte einige Getreue und eröffnete ihnen: „Wir verlieren unsere Seele, weil zuviel Geld kommt, zu viele Erleichterungen. Deshalb hat mir Abbé Pierre vorgeschlagen, wieder bei Null anzufangen. Es muß wieder etwas entstehen aus nichts und ohne Besitz."

Die Alten von Neuilly-Plaisance haben verstanden. Sie gehen mit Paul nach Alençon. Dort spricht er im Namen von Abbé Pierre und bewegt die Provinz. Unterstützungskomitees für eine neue Idee von Emmaus bilden sich. Paul und seine Freunde ziehen durch die Dörfer, schlafen in Scheunen auf Strohballen oder im Heu und sie sammeln, sortieren, bessern aus und verkaufen auf den Flohmärkten und bei Altwarenhändlern, was ihnen die Dörfer und die Bauernhöfe überlassen. Bald sind es einige hunderttausend Francs, mit denen nicht nur die elternlosen Kinder versorgt werden können.

Bei ihren Sammeltouren treffen die „Chiffonnier" häufig herumstreunende Familien, die nirgends mehr ein Unterkommen finden. Bei den Lumpensammlern kommen sie endlich an die richtige Adresse. Den Gestrandeten helfen, in Freiheit leben, das ist das Leben nach dem Geschmack dieser rauhen Gesellen mit dem großen Herz.

Am 18. November 1956, noch vor dem Wintereinbruch sind sie zu zwölft. Der Chef dieses „Kommandos der Barmherzigkeit", wie sie genannt werden, ist Paul. Abbé Pierre ist ihr Vater. Er ist stolz auf dieses Emmaus Itinérante, die Wandernde Emmaus-Gemeinschaft.

Bald gewinnt die Itinérante soviel Zulauf, daß insgesamt 17 Gruppen gebildet werden. Manche bleiben nur wenige Tage in den einzelnen Dörfern. Andere lassen sich schon fast fest nieder, so in Rouen, wo der Aufenthalt zwei Jahre dauern sollte.

Abbé Pierre ermahnt trotz der stürmischen Entwicklung zur Vorsicht. Er bittet Paul, sich auf das angestammte Gebiet zu beschränken. Emmaus braucht die Herausforderung und die Verjüngungskur. Die „Bürokraten der rue des Bourdonnais", dem endgültigen Sitz der Emmaus-Organisation im 1. Pariser Arrondissement, können die Herausforderungen nicht mehr übersehen.

Nach einer großen Reise nach Südamerika widmet sich Abbé Pierre nach 1958 besonders diesen Wanderbrüdern. Es ist sein Mittel, der inzwischen auch im Ausland wachsenden Gemeinschaft durch das gelebte Beispiel, durch die Aktion den richtigen Weg zu weisen und die Konflikte zu überwinden: „Die Ergänzung zwischen der notwendigen Sicherheit der festen Gemeinden, die Gefahr laufen zu verbürgerlichen, und der ständigen Erneuerung mit fast nichts durch die wandernden Gemeinden können ohne Zweifel die Gemeinschaften vor dem Niedergang bewahren, der alles bedroht, was etabliert ist."

April 1964, der krönende Abschluß. Rouen ist in Jahrmarktstimmung. Das Fernsehen erscheint, die französische Presse ist nahezu vollzählig vertreten. Die Lumpensammler demonstrieren noch einmal, mit welch einfachen Mitteln selbst die Armen den noch Ärmeren beistehen können. Zehn Stunden lang schleppen 2600 Fahrzeuge, Lieferwagen, Traktoren mit Anhängern und Lastwagen 3000 Tonnen Altwaren aller Art in der „Operation Emmaus" aus 132 Gemeinden der ganzen Umgebung heran.

Nach acht Jahren formen sich die Wandergemeinden um. Es bleibt ein Emmaus und die weltweite, noch lange nicht überflüssige Obdachlosenhilfe. Abbé Pierre weiß, warum: „Obdachlos zu sein, ist um so schlimmer, als niemand sich in die Lage dieser Unglücklichen versetzen kann. Es ist ein Elend, das die Einbildungskraft nicht anspricht. Viel leichter finden sich Wohltäter für jemanden, der krank oder hungrig ist. Ein Obdachloser erweckt kein Mitleid. Ohne den Rundfunkaufruf 1954 hätten beispielsweise die Pariser keine Notiz vom Elend dieser Menschen genommen, obwohl die Wohnungsnot 1953 allein im Pariser Stadtgebiet 50 Selbstmorde auf dem Gewissen hat, mehr als Hunger und Krankheit zusammen."

13. Gast in den Blechstädten der ganzen Welt

Aus dem medizinischen Gewahrsam entlassen, machte sich Abbé Pierre Ende 1958 auf einen langen Weg durch die Welt. Er konnte nicht nein sagen und nahm eine Einladung nach der anderen an. Die erste führte ihn nach Skandinavien in eine Wohlstandsgesellschaft, von der er geglaubt hatte, daß alles vom Wohlfahrtsstaat geregelt sei. Schweden war das Wallfahrtsland für Sozialreformer, die jedoch nicht die Kehrseite zur Kenntnis nahmen.

Diese lernte Abbé Pierre schon bei den ersten Begegnungen kennen, zuerst mit Studenten in Stockholm, dann in Uppsala. Eine ungewöhnlich hohe Selbstmordrate unter den jungen Menschen verdüsterte den rosaroten Horizont des Wohlfahrtsstaates. Für was lebten sie eigentlich? Vater Staat hatte alles gerichtet. Es war wie bei den Baumeistern der großen Kathedralen, erinnerte sich Abbé Pierre an ein Wort des Dichters Charles Péguy (1873–1914). Wenn sie fertig waren und die Gemeinde die Hände nur noch zum Gebet falten konnte, wußten sie mit dem Erreichten nicht mehr viel anzufangen. Abbé Pierre dachte bei sich, daß es nicht mehr lange gehen werde, bis diese gelangweilte Jugend nicht nur nach dem Sinn des Lebens fragen und vor sich selbst fliehen würde. „Sie werden Steine aufheben und die schönen Schaufenster einwerfen." Zehn Jahre später erhob sich die studentische Jugend Europas in der 68er Rebellion.

Am Jahresende sollte er auf dem Kongreß der christlichen Studenten Indiens in Bombay sprechen. Es wurde eine monatelange Reise mit 40 Etappen durch ganz Indien: Bombay, Kalkutta, Neu Delhi, Madras. Die Elendsviertel von Paris, die Bidonvilles, die Blechstädte in der Banlieu der französischen Hauptstadt, hier waren sie die Normalität. Bidonville war überall. Allein in Bombay lebte ein Drittel der Bevölkerung in solchen Bruchbuden, viele Menschen kannten nur die Straße als Bett.

In diesem Elend begegnete Abbé Pierre einer verwandten Seele, der ersten von drei, die in den nächsten beiden Jahren seinen Weg kreuzten: die aus Albanien stammende Mutter Theresa in Kalkutta. Sie hatte sich aus einem gesicherten religiösen Orden verabschiedet, um den Sterbenden und Hoffnungslosen in den Slums der ostindischen Metropole Trost zu spenden. Sie ging zu den Leprakranken und führte der Welt vor Augen, daß sie das Elend dieser armen Geschöpfe nicht mit Schweigen übergehen dürfe.

Abbé Pierre fühlte sich an den eigenen Erfolg erinnert. Im Winter 1954 hatte der Aufstand der Güte die französische Gesellschaft auf das Schicksal der Obdachlosen aufmerksam gemacht. Sie hätte seither weitaus mehr tun können. Die Obdachlosen bekamen sogar eine amtliche Bezeichnung, SDF, Sans Domicile Fixe, „Ohne-festes-Domizil". Und immerhin wurden sie nicht mehr verdrängt. Und der Impuls der Mutter Theresa hat mitgeholfen, daß das Elend in Indien nicht nur fatalistisch hingenommenes Schicksal blieb.

In Madras erreicht Abbé Pierre eine Einladung von Premierminister Nehru. Der Abbé reist skeptisch hin. Nehru gilt als Atheist, Kirchenfeind und diktatorisch. Der dritte Weg zwischen Kommunismus und Kapitalismus des Führers der Blockfreien wird im Westen mit großen Vorbehalten verfolgt.

Abbé Pierre will die Begegnung mit einem Angebot eröffnen. Könnte Emmaus vielleicht Freiwillige nach Indien schicken, um im Kampf gegen die Armut zu helfen?

Doch von „europäischen Sekten" will Nehru nichts wissen. Mit den Religionen hat er nur schlechte Erfahrung gemacht. „Sie sind das größte Hindernis für die sozialen Reformen, nicht die Religionen an und für sich, sondern deren korrupte und abgewirtschaftete Formen."

Abbé Pierre kann Nehru verstehen. Der „urchristliche Anarchist" aus Paris setzt sich wieder einmal allen möglichen Verdächtigungen aus, weil er Nehrus wenig demokratische Herrschaft als gerechtfertigt beurteilt. Er hält es mit Nehru, der „lieber Staudämme baut, um den Menschen zu helfen, als jedem das Stimmrecht zu geben. In seinem Tagebuch hält der Abbé dazu fest: „In Indien ist das Leiden so groß, daß westliche Demokratievorstellungen eine Täuschung wären."

Nehru hat sich ihm aber nicht nur als Staatsmann gezeigt. An Nehrus Seite hat Abbé Pierre die Weisheit des tausendjährigen Indien kennengelernt. Drei Tage lang war er mit ihm auf einer ganz ungewöhnlichen Pilgerreise gewesen, von der der Erbe des Mahatma Gandhi allerdings kein öffentliches Aufhebens machte.

Gandhi hatte am Ende seines Kampfes der Gewaltlosigkeit für die Unabhängigkeit des Subkontinents den zwei Jahrzehnte jüngeren Mystiker Vinoba zum geistigen Wegbegleiter Nehrus berufen. Politisch und religiös missionierend zieht Vinoba durchs Land und vertritt dabei eine ganz konkrete Forderung: die Landreform. Er will die Landarbeiter ohne eigenen Landbesitz zu Kooperativen zusammenschließen, das Kastenwesen durchbrechen und damit das Elend Indiens an der Wurzel bekämpfen. Fünf Millionen Morgen Land hat er bereits zusammenbekommen, ein Fünftel wurde ländlichen Genossenschaften übergeben. Nehru und später seine Tochter Indira Gandhi unterstützen Vinoba. Und Abbé Pierre stellt fest: „Zwei Aufgaben verbanden sich, die des Propheten mit der des Staatsmannes."

In einem kleinen Weiler kommen die Bauern auf die Pilgerschar zu und bitten sie, in den Tempel ihrer Göttin der Gewaltlosigkeit zu treten. Von ihr hatte selbst Vinoba noch nichts gehört. Man erzählt ihm die Geschichte des Dorfheiligtums. Eine Frau hatte einen Traum: Ein Tiger verunsichert die Gegend, reißt die Kühe und zerfleischt die Menschen auf den Feldern. Eine gütige Mutter bringt den Mut auf und geht zu ihm, streichelt die Bestie und spricht beruhigend auf sie ein. Das Wunder geschieht. Der Tiger wird ganz zahm. Er läßt die Frau sogar auf sich reiten. Die Moral, die am nächsten Morgen die Träumerin formuliert? Das sei zweifellos eine Botschaft der Göttin der Gewaltlosigkeit gewesen. Diese Göttin werde nicht erkannt oder zu wenig geliebt und verehrt. Die Frau verkaufte ihre Tiere und Habseligkeiten und baute eine Hütte. Ein geschnitztes Holz sollte den Tiger verkörpern. Sie setzte sich wie im Traum darauf, streichelte es und betete. Die Dorfbewohner glaubten ihr und brachten Geschenke, damit sie leben konnten und ihre Gemeinschaft friedlicher werde.

Vinoba zögerte, in den Tempel einzutreten. „Hier bei mir ist ein katholischer Priester, ein jüdischer Student, ein Moslem. Wie können wir zur Göttin der Gewaltlosigkeit beten? Das geht nicht. Die gibt es nicht. Sie ist vielmehr euer Ausdruck des einen großen Gottes. Also beten wir zu dem universalen Gott."

Ob Vinoba die Dörfler überzeugt hat, bleibt ungewiß.

Abbé Pierre hatte jedenfalls erfahren, wie ein indischer Weiser auf sanfte Weise die Religion von Fetischismus und Götzendienst reinigte. In einem anderen Fall hält Vinoba den Bauern vor, wie unsinnig es doch sei, daß sich junge Paare für die Hochzeit so hoch verschuldeten, daß sie ihr Leben lang zurückzahlen müßten. „Das ist doch Unsinn. Es wäre besser, wenn die Dörfer die Hochzeit ausrichteten und bezahlten. Das wäre Solidarität und könnte allen Bewohnern helfen."

Am Ziel der Pilgerfahrt versammelt sich das ganze Dorf. Vinoba wirkt mit einer außerordentlichen Autorität. Nach wenigen Minuten gelingt es ihm, absolute Stille herzustellen. Dann greift er ein Mikrofon und beginnt mit seiner dünnen, zitternden Stimme zu singen: „Nehmt die ganze Erde als ein Stück Papier. Nehmt das Wasser aller Meere als Tinte. Nehmt die Bäume aller Wälder als Federhalter. Ihr hättet noch immer nicht genug, um die Größe Gottes zu beschreiben und zu besingen." Nehru hörte als einfacher Pilger wie jeder andere zu. Und Abbé Pierre wünschte sich im Stillen, daß ein christlicher Staatsmann es ihm gleichtun würde.

Die Gewalttour durch Indien hat Abbé Pierre erschöpft. Er beschließt, eine Pause im damals noch blühenden Libanon einzulegen. Auch Beirut hat seine Bidonvilles. Die bisherige Schweiz des Nahen Osten erlebt die ersten Massaker zwischen Christen und Muslimen. Vorahnung des Bürgerkrieges. Die Regierung läßt es sich nicht nehmen, den „Mann, der mehr für das Ansehen Frankreichs getan hat als alle Diplomaten, die es uns geschickt hat", mit dem libanesischen Verdienstorden auszuzeichnen.

Im europäischen Sommer 1959, als in Lateinamerika die große Hitze vorbei ist, kann er endlich auch der Einladung von José Balista folgen. Balista hatte ihn in der

Rekonvaleszenz in der Schweiz besucht. Seit acht Jahren arbeitet er bereits in seiner Heimat Argentinien im Geist der Emmaus-Gemeinden. In den Favellas von Buenos Aires, Rio de Janeiro, Lima und Bogota erkennt er, daß mit Wohltätigkeit hier nichts mehr zu retten ist. Die Peron-Politik, die dessen Frau Evita personifiziert hatte, war gescheitert. Assistentialismus, Almosen gleiche Beihilfe, wird zum Unglück, wenn sie die Menschen abhängig macht. Dauerhafte Auswege müssen erschlossen werden. Doch dazu haben die Regierungen in keinem der besuchten Länder offene Ohren. Eine steinreiche Minderheit fühlt sich als „das" Brasilien, „das" Argentinien. Einige wenige dürfen partizipieren. Die restlichen 70 Prozent zählen nichts.

In Rio trifft Abbé Pierre die zweite verwandte Seele, einen kleinen Weihbischof. Er heißt Dom Helder Camara und wird später als Erzbischof von Recife im armen Nordosten Brasiliens der Held der Armen, der Freund der Befreiungstheologen und ein Dorn in den Augen der römischen Kurie sein.

Die nächste Einladung trifft von einem französischen Landsmann aus Gabun ein. Abbé Pierre entschließt sich umgehend, den Urwalddoktor Albert Schweitzer in Lambarene zu besuchen. Ein langer Brief von Schweitzer beschäftigt ihn schon vor der Abreise. Schweitzer macht ihm vorsichtig Vorwürfe und warnt vor zuviel internationalem Aktivismus: Man reicht Afrika, Europa oder Indien nicht die Hand in gleicher Weise. Die Lösungen muß man jedes Mal neu finden.

Wörtlich schreibt er weiter: „Wenn Sie sich dem Internationalismus zuwenden, werden Sie zum Wasser ohne Strömung ... Sie, lieber Abbé Pierre, haben den riesigen Vorteil, durch die Tat zu predigen. Die Wörter begleiten sie nur! Bewahren Sie diesen Vorteil! Empfangen Sie weiter die Menschen, organisieren Sie, wecken Sie auf, es fällt Ihnen leicht, Sie haben Begeisterung geweckt, jetzt muß diese Begeisterung gepflegt, geführt und genutzt werden ... Die Welt erwartet Ideen, die etwas bewirken. Der Geist, der sich mit der Wirklichkeit auseinandersetzt und diese verändert. Aber lassen Sie anderen die Aufgabe, das Evangelium als solches auszubreiten. Sie verschaffen ihm Wirkung auf ihrem eigenen Feld ... Je weniger Sie reden, je weniger Sie schreiben, um so mehr sind Sie Sie selbst."

In Lambarene erfährt Abbé Pierre, welche Realität den elsässischen Arzt und Humanisten im Dschungel zu den mahnenden Worten veranlaßt hat. Vieles kommt ihm vertraut vor. Schweitzer erzählt ihm von den Vorwürfen, die Eingeborenen bewußt in ihrer Rückständigkeit zu lassen. Er hätte genug Geld bekommen können, um seine primitiven Hospitalhütten abzureißen und die Patienten in schmucken Häusern mit modernen medizinischen Einrichtungen zu behandeln.

„Ich weiß. Hätte ich aber nachgegeben, dann wäre ich zweifach grausam gewesen. Zuerst hätte ich den Kranken in eine ihm unbekannte Welt gestürzt. Und wenn er wieder gesund war, hätte ich ihn in den Urwald zurückgeschickt, wo es nichts von all dem gab, woran er sich vielleicht schon gewöhnt hatte ... Nein, das hier ist kein Krankenhaus. Das ist ein Dorf, wo man behandelt wird und wo man gesund wird. Ich weiß, daß das nicht modern ist. Aber ist es nicht besser, weil es nur so wirklich menschlich ist?"

Das Treffen bildete den Auftakt eines regelmäßigen Briefwechsels der beiden, bis Schweitzer 90jährig am 4. September 1965 stirbt.

Nach der Rückkehr aus Lambarene wartet ein ganzer Stapel von Einladungen zu Vorträgen und Begegnungen auf Abbé Pierre. Nur eine nimmt er gleich an. Die übrigen müssen warten. Der Bischof der Sahara, der Weiße Vater Georges Mercier in Laghouat, bietet ihm einen längeren Aufenthalt in der Einsiedelei des Charles de Foucauld an. In der Wüste fühlt er sich im Geist mit seinem Jugendfreund François Garbit, dem Menschen, der ihm zeitlebens am nächsten stand, vereint.

Drei Monate in der Sahara wirken wahre Wunder. Abbé Pierre reist danach mit neuen Kräften um die ganze Welt, zuerst nach Ägypten, quer durch Afrika, erneut nach Indien und wieder nach Südamerika.

Am 10. Juli 1963 hält er sich in Las Flores auf, rund hundert Kilometer von Montevideo entfernt, der Hauptstadt Uruguays. Es ist südamerikanischer Winter, „wie ein Januar in Frankreich", notiert Abbé Pierre bei der Ankunft. Ein jüdischer Freund hat der Emmaus-Bewegung ein Grundstück für den Bau einer Siedlung für Obdachlose, die Ninos, wie die Ärmsten der Hauptstadt genannt werden, vermacht. Am Abend will der Abbé nach Buenos Aires weiterfliegen. Doch dichter Nebel blockiert den Flugplatz. Abbé Pierre bucht um auf das Nachtschiff, die Ciudad de Asuncion, das um 21 Uhr voll ausgebucht mit 429 Passagieren auf dem Rio de la Plata ablegt. 84 Menschen werden die Reise nicht überleben. Das Passagierschiff fährt in eine Katastrophe.

An Bord trifft Abbé Pierre den befreundeten Abbé Audinet, der ihm seine Kabine überläßt. Gegen 4 Uhr früh weckt er ihn auf und gibt ihm eine Schwimmweste. Das Schiff liegt mitten im Fluß fest. Die beiden gehen nach oben. Alles verhält sich noch ruhig. Nach einem Stromausfall bricht jedoch Panik aus. Um die beiden Abbés drängen sich Gläubige, die in Todesangst um Vergebung ihrer Sünden bitten. Plötzlich ein Stoß. Beim Versuch, das Schiff wieder in Fahrt zu bringen, stößt der

Bug auf ein Wrack. Wasser dringt ein. Der Heizkessel explodiert, und Feuer breitet sich aus.

Die Passagiere stürmen die vier Rettungsboote, werfen ihre Gepäckstücke und Kleider ins Wasser und springen nach. Die Treppen zwischen den Decks brennen bereits. Notdürftig werden von den oberen Decks Kordeln gebildet. Abbé Pierre opfert seine Pelerine dafür. Er und Audinet geben sich gegenseitig die Absolution, bevor auch sie ins zehn Grad kalte Wasser springen. Abbé Pierre findet eine Kiste, an der er sich mit mehreren anderen festklammert. Stunden dauert es, bis ein Kreuzer der argentinischen Kriegsmarine die Schiffbrüchigen retten und die Toten bergen kann. Zwei Kreuzer wurden zwar gleich nach den SOS-Signalen geschickt. Doch sie kamen nur langsam im Nebel voran und hielten immer wieder an, um im Wasser hilflos treibende Menschen oder Leichen herauszuziehen.

Abbé Pierre wird gegen 9 Uhr entdeckt und unter die Toten eingereiht. Er ist bewußtlos. Auf den ersten Blick scheint er tot zu sein. Erst später, bei besserem Tageslicht, entdeckt ein Besatzungsmitglied, daß der Abbé noch lebt. Gegen 11 Uhr kehrt das Bewußtsein zurück. Der erste Gedanke des Abbé ist ein alter Bekannter. Wieder ergreift ihn die Todessehnsucht, die ihn seit dem siebten Lebensjahr in seiner Jugendzeit und als Kapuziner immer wieder befällt. Doch auch dieses Mal denkt er, „erneut ist das, was ich so sehr gewünscht habe, auf später verschoben worden – zu sterben."

Um 17 Uhr wird er mit den anderen Überlebenden im Militärhafen La Plata an Land gebracht. Er hat alles verloren. Unter den aus dem Wasser geborgenen Sachen findet er später sein Brevier und sein Notizbuch wieder. Mit einem Bluterguß und einer leichten Lungenentzündung kommt er noch gut davon. So gut, daß er einen

Erholungsaufenthalt in einem Haus von irischen Nonnen abschlägt. Drei Tage nach dem Unglück feiert er vor einer riesigen Menschenmenge eine Messe für die Toten. In seiner Predigt wiederholt er, was ihm durch den Kopf ging, als er sich an die rettenden Kiste im Rio de la Plata geklammert hatte: „Ja, im Augenblick des Sterbens denkt man nur noch an eines: Ich habe die Hand Gottes in dem Maß in der einen Hand, wie ich während meines Lebens die andere Hand den Armen gereicht habe."

Die Nachricht vom beinahe toten Abbé Pierre schockt die Emmaus-Bewegung in der ganzen Welt. Neben Briefen voller Anteilnahme treffen in Paris dringliche Bitten und Vorschläge ein, wie Emmaus nach dem Abbé weitermachen kann. Dieses Problem müsse jetzt unbedingt angegangen werden. Pfingsten 1969 wird es dann endlich soweit sein. Im Bundeshaus in Bern versammeln sich zum ersten Mal Delegierte aller 70 Gründungen in zwanzig Ländern, ein „Parlament der Armen der ganzen Welt". Ein Manifest wird angenommen, das die Grundlagen der Arbeit formuliert: Arbeiten, teilen, dienen.

Zwei Jahre später treffen sich alle wieder standesgemäßer in einer Lumpensammler-Gemeinde in Montreal. Beim dritten Treffen in Charenton (Paris), wo Emmaus zahlreiche Wohnungen gebaut hat, ist 1974 das Reformwerk abgeschlossen. Emmaus hat einen obersten Rat, ein Exekutivkomitee, einen internationalen Informationsdienst und eine Fülle von verschiedenen Gemeinschaften. Es ist eine Weltorganisation geworden.

Emmaus, so schreibt Pierre Lunel, ist aus den Katakomben herausgetreten. Es droht zu einer Kirche zu werden, zu „vatikanisieren". Abbé Pierre sieht eine wichtige Aufgabe darin, immer wieder zu provozieren, um diese Gefahr fernzuhalten und zu mahnen: lernt teilen, teilen, teilen!

In Südamerika wäre Abbé Pierre beinahe ums Leben gekommen. Das Unglück provozierte die Emmaus-Bewegung, die fürs Überleben notwendige Organisation zu schaffen. In Südamerika erlebt Emmaus aber auch in den nächsten Jahren die Grenzen seines Wunders. Abbé Pierre sollte mehr als einmal den Vorwurf hören, er sei zu naiv. Albert Schweitzer hatte mit seiner Mahnung nicht völlig unrecht.

Immer mehr Freiwillige engagieren sich in und für Emmaus. Begeisterte junge Leute aus Europa, die in Lateinamerika etwas für die Armen tun wollen. Sie kommen mit ihren fürsorglichen, paternalistischen Vorstellungen und scheitern, weil es eben etwas anderes ist, einen im europäischen Umfeld asozial gewordenen Bedürftigen zu rehabilitieren oder einen sich selbst überlassenen Analphabeten aus einem dumpfen, häufig kriminellen Überlebenskampf in einer gewalttätigen Gesellschaft zu reißen. Lumpen sammeln, auswerten, herrichten und verkaufen – das funktioniert da nicht mehr.

Ein erster Versuch scheitert in Argentinien. Ein Jura- und ein Architekturstudent und der Jesuit José Balista sammeln 50 Freiwillige, um in den Bidonvilles zu helfen. Ihre Emmaus-Gemeinde wird zehn Jahre später verschwunden sein. Wer den Bewohnern der Müllberge helfen wollte, durfte nicht Caritas üben, sondern mußte mit ihnen im Dreck leben und sie von unten mobilisieren.

1958 kommt der Jesuit José Maria Llorens in das Elendsviertel San Martin in Mendoza, wo Balistas Gruppe bisher klassische Sozialhilfe betrieben hat. „Bis dahin hatte ich einen Namen, aber ich war noch nicht geboren ... Ich entdeckte erst, was es heißt zu leben, wenn eine Gemeinschaft sich entschließt, ihr Leben solidarisch zu führen." Llorens überredet die „Gesetzlosen von der Müllhalde hinter dem Damm am Fluß", eine Kooperative zu gründen und ihre Dinge selbst zu regeln. Sie organisieren sich selbst und zapfen, wenn es sein muß, auch illegal das städtische Stromnetz an.

Die Behörden drohen mit dem Bulldozer, um auf ihre Art das Problem der Villas-Miseria, der Elendsstädte, zu lösen. Abbé Pierres Ansehen kann helfen. Die Regionalregierung hat ihn eingeladen. Er will unbedingt nach San Martin und bittet Behördenvertreter, ihn zu begleiten. Vermutlich zum ersten Mal wagen sie einen Blick hinter den Damm, der San Martin von ihrer zivilisierten Welt trennt. Dort zeichnen sich bereits die Strukturen einer neuen Stadt ab. San Martin wird legalisiert und wächst zu eine Arbeiterstadt heran. 1980 wird Pater Llorens, der von den Kirchenoberen immer wieder mit Versetzung bedroht worden ist, zum ersten Pfarrer der Siedlung. Bald zählt sie 40000 Einwohner. Nicht einmal die Militärjunta wagt es, gegen Llorens vorzugehen. Er stirbt 1984 mit 72 Jahren.

Noch schwieriger als in Argentinien oder Chile ist die Lage in den Andenstaaten Peru und Kolumbien. Emmaus wird dort zwanzig Jahre brauchen, bis sich erste Erfolge zeigen. Vor allem freiwillige Helfer aus Europa, die dem Ruf von Abbé Pierre und Helder Camara gefolgt waren, werden tief enttäuscht. Viele hatten die Schwierigkeiten unterschätzt und geglaubt, in sechs Monaten oder einem Jahr könnten sie etwas bewegen. Jean-Yves Olichon hatte ein hartes Urteil für sie übrig: „Lateinamerika versinkt in einer Flut von Leuten, die kommen, um irgend etwas zu tun. In Wirklichkeit sind sie nur Reisende."

Olichon gehörte zu den Gründern der Compagnons Batisseur, der Baugesellen von Pontault, dem französischen Bauorden. Der Bauorden war eigentlich eine Idee des flämischen Paters Werenfried van Straaten, dem Speckpater. Mit freiwilligen Helfern wollte er heimatlosen Deutschen nach dem Krieg helfen, einfache Häuser zu bauen. Daraus hat sich eine internationale Jugenddienstorganisation (Sitz Löwen in Belgien, in Deutschland in Worms) entwickelt, die heute in ganz Europa bauen hilft. Ein wesentlicher Zug ist die Völkerverständigung. Junge Menschen opfern ihre Ferien oder ihr ganzes Leben, um durch tätige Bauarbeit praktische Solidarität zu üben und Wohnungsnot zu lindern. Ihre Hilfe als Fach- oder Hilfsarbeiter ermöglicht Bedürftigen oft erst die zur Finanzierung erforderlichen Eigenmittel durch Eigenleistung aufzubringen.

Olichon war ein enger Mitarbeiter von Abbé Pierre und wurde während der internen Querelen bei Emmaus an den Rand gedrängt. Er zog mit Frau und Kind für 30 Jahre nach Lateinamerika. 1963 ließ er sich in Rio nieder. Mit Helder Camara baute er die „Bank der Vorsehung" auf, eine Idee, die der Armenbischof und der Armenseelsorger Abbé Pierre gemeinsam entwickelt hatten. Sie sollte mit Hilfe von Spenden, Arbeit von Emmaus, darunter ein alljährlicher Riesenjahrmarkt, Geld für Bedürftige bereitstellen.

Olichon erkannte, daß Emmaus keine barmherzige Einrichtung sein durfte. Die Wirklichkeit in den Favellas sei nicht allein Elend, Alkoholismus, Drogen, Betteln und Herumstreunen, sondern Gewalt, Gefängnis und die Aussichtslosigkeit. Er sah in der Kriminalisierung das Hauptproblem und setzte dort an, wo er glaubte, das Übel an der Wurzel zu packen. Seine Emmaus-Gemeinschaft baute ein Gefängnis zugleich für den offenen Strafvollzug und als Auffangchance für Strafentlassene. Gleichzeitig baute er eine ganze Siedlung, um die in die neue Freiheit Entlassenen davor zu bewahren, rückfällig zu werden.

In 15 Jahren zählte Olichons Emmaus-Gemeinschaft 800 Mitarbeiter und über 40000 Betreute. 80 Prozent seiner Compagnons waren vorbestraft, Dreiviertel waren Analphabeten und vier von fünf hatten keinerlei Beruf. „Ich bin nicht gekommen, um Lehren zu erteilen, sondern um eine Erfahrung zu leben," war das Credo des seltsamsten Gefängnisherrn, den man sich denken kann. Die inzwischen entstandene Weltorganisation von Emmaus hatte mit dem eigenwilligen Jünger wieder ihre Probleme. War das noch Emmaus? Olichon kümmerte sich nicht mehr darum. Er blieb Abbé Pierre eng verbunden. Was Organisationen denken und ihm vorwerfen, interessiert ihn nicht.

Abbé Pierre ist ein überzeugter Pazifist und fühlt sich darin einig mit dem indischen Propheten der Gewaltlosigkeit Gandhi. Doch die Gewaltlosigkeit hat für beide Grenzen. Daran erinnert Abbé Pierre in einem Beitrag in der Pariser Zeitung „Le Monde" vom 25. Juli 1995, den er zusammen mit dem ehemaligen Minister und Menschenrechtler Bernard Kouchner publiziert: „Die Pazifisten, zu denen wir gehören, mögen sich nicht täuschen. Gandhi, der Meister der Gewaltlosigkeit, wiederholte immer wieder: ‚Die Gewalt ist schlimmer als Gewaltlosigkeit, aber Feigheit ist schlimmer als Gewalt.'"

Anlaß zu dieser Mahnung war ein kurzer Besuch des Abbé Pierre in Bosnien. Mitte Juli hatte sich der Abbé in einem Brief an Staatspräsident Jacques Chirac bereiterklärt, sich als Geisel anstelle der UN-Blauhelme in die Hände der bosnischen Serben zu begeben. Noch vor einer offiziellen Antwort meldete sich Gille Hertzog, Pariser Verleger und Freund des Philosophen Bernard-Henri Lévy. Zusammen mit weiteren neun französischen Intellektuellen hatten sie bereits Chirac aufgefordert, den Serben ein Ultimatum zu stellen, damit sie endlich die UNO-Beschlüsse beachteten. Alles nutzte nichts. Da war das Angebot des Abbé Pierre eine willkommene Gelegenheit, die in Frankreich angesehenste moralische Autorität in die Waagschale zu werfen.

Ein kurzer Anruf bei dem Abbé, und er erklärte sich sofort bereit, mit einem Sonderflugzeug nach Sarajevo zu reisen. Doch Sarajevo liegt weiter von Paris entfernt als jeder andere Ort dieser Welt. Hertzog stellte zwar einen Privatjet Falcon 10 zur Verfügung. Doch die Reise ging nicht nach Sarajevo, sondern nach Split. Von dort brachte ein französisches Panzerfahrzeug den Abbé in der Nacht zum 20. Juli über den Berg Igman in die belagerte Hauptstadt der Bosnier. Abbé Pierre verzichtete demonstrativ auf eine schußsichere Weste. Mit seiner Baskenmütze, der schwarzen Pelerine und dem Wanderstab machte er sich auf den Weg zu den Verwundeten im Kosovo-Krankenhaus und zu Präsident Alija Izetbegovic.

Als der Jet am folgenden Freitag wieder auf dem Pariser Flughafen Le Bourget landete, war Abbé Pierre noch immer so erschüttert von dem Gesehenen, von dem Schicksal der Verwundeten, der unglücklichen Opfer des Krieges, daß er zunächst kaum ein Wort herausbrachte. Die wartenden Journalisten konnten ihn kaum verstehen, so stimmlos begann er zu berichten. Doch die Wut über die Ohnmacht oder Unfähigkeit der Politiker weckte bald wieder die alten Lebensgeister. Er hatte „die Nase gestrichen voll von der Diplomatensprache gegenüber den Serben". Der Westen habe 1938 in der Konferenz von München die Schande statt die Gewalt gewählt. „Man weiß, daß sie ein Jahr später beides hatten, die Schande und die Gewalt."

Am Abend in den Fernsehhauptnachrichten bekannte

Abbé Pierre: „Gott weiß, daß ich Pazifist gewesen bin, aber hier bin ich für den Krieg und auch für die Beendigung des Waffenembargos gegenüber Bosnien, das ich nur als Schande empfinde."

14. Der zornige alte Mann

Der neugewählte französische Staatspräsident Valéry Giscard d'Estaing war stolz auf die Sozialleistungen Frankreichs. Im Oktober 1974 fügte er der großzügigen Familienbeihilfe einen weiteren Meilenstein sozialer Absicherung hinzu und war davon überzeugt, daß Frankreich sich dies leisten konnte. Sich selbst wollte er damit ein Denkmal setzen. Arbeiter und Angestellte, die aus wirtschaftlichen Gründen von ihren Betrieben entlassen werden mußten, bekamen ein Jahr lang 90 Prozent ihres letzten Bruttolohnes.

Giscards Premierminister Jacques Chirac ging vor die Presse: „Diese Vereinbarung ist etwas völlig Neues. Kein Land dieser Welt kann so etwas vorweisen." Wie Bilder aus einer grauen Vorzeit schienen Abbé Pierres Hilfsaktionen, obwohl der Winter 1954 gerade erst zwanzig Jahre zurücklag. Hatte sich in Frankreich alles zum Besseren gewendet?

Der Schein trog. Die Kassen der Arbeitslosenversicherung leerten sich schnell. Nach fünf Jahren wurden nur noch 65 Prozent bezahlt. Immerhin konnten ältere Arbeitslose mit mehr als 50 Jahren noch fünf Jahre auf diese Unterstützung setzen. Doch Giscard hatte die Rechnung ohne die einsetzende wirtschaftliche Krise gemacht. Die Ölkrise der 70er Jahre traf Frankreich schwer, das künftig verstärkt auf die Atomenergie setzte, um unabhängiger von der unberechenbaren Ölwirtschaft zu sein. In den 90er Jahren deckt es etwa 80 Prozent des Energiebedarfs nuklear.

Giscard wurde 1981 abgewählt und die Linke unter Führung von François Mitterrand mußte das soziale Netz erheblich beschneiden. Sozialminister Pierre Bérégovoy unterzeichnete 1982 eine Verordnung, die das Arbeitslosengeld massiv kürzte. Spätestens nach vier Jahren drohte den Arbeitslosen der Absturz in die Sozialhilfe. Zwei Jahre später saß Abbé Pierre im Hotel Matignon dem „jüngsten Premierminister, den ich Frankreich schenkte" (Mitterrand), Laurent Fabius, gegenüber, um ihn in einem einstündigen Gespräch von der Notwendigkeit einer Gesetzesinitiative gegen die „neue Armut" zu überzeugen.

„Entdeckt" hatten die katholischen Bischöfe die neuen Armen als erste. Im Spätsommer 1983 ließen sie in allen Gottesdiensten einen Hirtenbrief verlesen: In Frankreich gebe es eine ständig wachsende Zahl von Armen, die nicht schon seit Generationen Randfiguren waren oder zum ‚Adel der Armen', den Pariser Clochards, gehörten. Arbeitslosigkeit hatte viele aus dem sozialen Netz fallen lassen.

Abbé Pierre, das „schlechte Gewissen Frankreichs", wie ihn die Zeitungen inzwischen nannten, erinnerte auf seine Art daran. 30 Jahre nach 1954 rüttelte er mit den Bildern der erfrorenen Frau auf dem Boulevard Sebastopol und dem im Autowrack in Neuilly-Plaisance an Kälte gestorbenen Baby das soziale Gewissen seiner Landsleute im Dezember 1984 nochmals wach.

Die neue Not traf nicht eine ums Notwendigste kämpfende Nachkriegsgesellschaft, sondern eine, die sich an den Wohlstand breiter Schichten gewöhnt hatte. Sie griff nach den Kleinbürgern, den Nachbarn, der seinen Arbeitsplatz verloren hatte und sich schämte, zum Sozialhilfeamt zu gehen. Frankreich reagierte diesmal anders. Die Zeiten der Schlangen von Spendern vor dem Hotel Rochester waren vorbei. Die Hilfe sollte nicht erst im letzten Augenblick angesichts des völligen Elends ansetzen. Die Städte und die Regierung ordneten an, für die neuen Armen Strom, Gas, Wasser und Miete zu bezahlen.

Die Mitarbeiter des staatlichen Elektrizitätskonzerns Electricité de France, EdF, und Gaz de France, GdF, schwärmten aus und stellten die Zähler um. Hemmungsloser Verbrauch sollte durch die neue Verordnung nun auch wieder nicht gefördert werden. Eine lebensnotwendige Menge wurde je nach Familiengröße festgelegt, und bis dahin lief der Zähler kostenlos.

Die Obdachlosen durften fortan auch länger als bis zu der bisherigen Höchstdauer von zwei Wochen in den Asylen bleiben. Die Hilfe war vom einzelnen auf die Institutionen abgetreten worden.

Abbé Pierres „heiliger Zorn" verrauchte dennoch nicht, denn im Grunde hatte sich auch 30 Jahre nach 1954 nichts geändert. Weitere zehn Jahre später, 1994 mußte er dieselbe bittere Bilanz ziehen. Alle seine Beschwörungen hatten wenig gefruchtet. Die Zukunft zeichnete sich so schwarz ab, wie er sie ausgemalt hatte für den Fall, daß nicht genügend Wohnungen gebaut würden: „Unsere schönen Städte werden nur noch von Wohlhabenden bewohnt. Sie sind aber umgeben von Hunderten von Gettos, von Nestern der Verzweiflung und des Hasses."

Sie tragen verschiedene Namen, und jeder kann sie erkennen, wenn er nach Paris oder Lyon reist. Häßliche, Hochhaussiedlungen, die fatal an die Plattenbauten Osteuropas erinnern. Was Abbé Pierre mit Noisy-le-Grand passiert war, baute sich in den seelenlosen Neubausiedlungen des sozialen Wohnungsbau, der HLM, in Villeurebanne bei Lyon oder in Mante-la-Jolie westlich von Paris auf. Auch der Arme wollte nicht würdelos in überdimensionalen Hasenställen hausen und im Fernsehen zuschauen, wie man wirklich lebt. Die Brutstätten der Unzufriedenheit, wo islamische Fundamentalisten ansetzten und die Nationale Front des Jean-Marie Le Pen den französischen Fremdenhaß so schürten, daß ihm der friedfertige Abbé Pierre „am liebsten eine auf die Schnauze gehauen hätte", produzierten Sprengstoff. Er könnte bald ganz Frankreich in eine gefährliche Instabilität führen.

Der Marsch der Armen der Dritten Welt in die trügerisch wohlhabenden Länder Europas, das war eine zusätzliche Herausforderung. Was wäre, schreibt Abbé Pierre in seinem Testament von 1994, 50 Jahre nach dem Solidaritätswinter, wenn morgen der Staatspräsident folgenden Brief erhielte: „Sehr geehrter Herr Präsident, wenn Sie nicht innerhalb von einem Monat Verhandlungen beginnen, damit eine Million Maghrebiner kommen können, um die fruchtbaren Böden bei Ihnen zu beackern, sprengen wir die Kathedrale Notre-Dame in die Luft. Zum Beweis, daß dies kein Bluff ist, finden Sie im Schließfach X am Nordbahnhof die Kopie der echten Bombe, die bereits gelegt ist, um Notre-Dame in die Luft zu jagen."

Wenn noch immer jemand „Frankreich für die Franzosen" fordere, dann kann Abbé Pierre nur sagen: „Ja, ich hätte das Recht, dies zu fordern, denn ich habe meine Haut dafür riskiert, mehr als ihr (die Nationalfrontisten). Ich kann aber nicht zur selben Zeit ‚Frankreich den Franzosen' und ‚Die Erde den Menschen' schreien."

Damit jeder sehen konnte, wie ernst es Abbé Pierre war, setzte sich der alte, graubärtige Mann mit der Pelerine, der Baskenmütze und dem Stock an die Spitze von Demonstrationen gleich welcher Partei. Vereinnahmen ließ er sich von keiner. Hauptsache, die Forderung stimmte.

Als ihn Premierminister Pierre Bérégovoy als Großoffizier der Ehrenlegion, die höchste Ehre, die Frankreich an seine Staatsbürger zu vergeben hat, auszeichnen wollte, lehnte der zornige Abbé ab. Seine früheren Orden wollte er nicht mehr tragen, bis die Wohnungsnot behoben sei.

Darauf wird er wohl lange warten müssen, wenn er es überhaupt erleben sollte. Aber aufgeben war und ist seine Sache nicht. Als er sich im Winter 1992 „kaputt wie ein platter Autoreifen" fühlte, zog er sich in die Einsamkeit der Sahara zurück, in die Einsiedelei des Charles de Foucauld. Nach zwei Wochen des Gebets und der Meditation, seiner „Adoration Gottes", meldete er sich mit neuen Kräften zurück. Der 80jährige: „Ich bin ohne Illusionen. Die Menschheit ist nun mal so, wie sie ist. Ich werde aber bis zum Ende kämpfen."

Die Franzosen dankten es ihm. 1989 befragte das Meinungsforschungsinstitut Louis-Harris im Auftrag des Pariser Magazins l'EXPRESS die Franzosen repräsentativ nach Abbé Piere. 94 Prozent kannten zumindest seinen Namen. 58 Prozent waren überzeugt, daß man in 30 Jahren noch über ihn sprechen werde. 54 Prozent fühlten Hochachtung für ihn, 24 Prozent bewunderten ihn. 77 Prozent wünschten Abbé Pierre den Friedensnobelpreis.

Seit 1991 setzen sie ihn in der alljährlichen Umfrage im Auftrag des „Journal du Dimanche" auf den ersten Platz unter den beliebtesten und populärsten Landsleuten. Bis 1990 hatte den noch der Taucher und Tiefseeforscher Jacques-Yves Cousteau eingenommen. Der Rang wurde nun getauscht, dritter wurde Jean-Paul Belmondo. Catherine Deneuve landete auf dem zehnten Platz, ein nachdenkenswertes Ergebnis, das mehr über die Mentalität der Franzosen sagt als die vielen Klischees von der Grande Nation und von Paris als der Stadt einer ganz anderen Liebe als der von Abbé Pierre geforderten.

Der französische Politologe Pierre Mathiot hat die ungewöhnliche Popularität des Abbé analysiert: Er nennt zuerst seinen „religiösen Status" und seinen „Look, der gewiß nicht ohne Wirkung ist". Vor allem aber „deutet Abbé Pierre mit seinem Finger auf alles, was nicht hingenommen werden darf. Das wurmt das schlechte Gewissen des Durchschnittsbürgers, der nur wenig tut, um die Lage seines Nächsten zu bessern."

Schließlich ist nach dem Urteil des Politologen „die Rolle als Prophet nicht zu übersehen. Er nimmt den Platz ein, den die Politik leer läßt. Abbé Pierre existiert, weil es dieses Scheitern der Politik gibt, die nicht in der Lage ist, ihrer Verantwortung gerecht zu werden. Politik heißt in diesem Fall der Staat oder besser gesagt der Sozialstaat, der es beispielsweise nicht schafft, Obdachlosen eine Unterkunft zu geben." Außerdem spiele der Abbé ausgezeichnet mit einer zur Schau gestellten Naivität, obwohl er keineswegs naiv sei. Hier irrt der Politologe – Abbé Pierre hat die Naivität des Gottvertrauens wirklich.

Nicht nur die Franzosen würdigen in Abbé Pierre den Kampf gegen die Armut und damit für den Frieden in der ganzen Welt. 1991 wurde Abbé Pierre nach Bern eingeladen. Zur 700-Jahr-Feier der Eidgenossenschaft überreichte ihm Bundespräsident Flavio Cotti den aus Anlaß des Jubelfestes mit 700000 Franken besonders hoch dotierten Balzan-Preis. Abbé Pierre habe sein Leben „den körperlich und geistig Leidenden" gewidmet und

„Solidarität gegenüber allen Menschen ohne Rücksicht auf Nationalität, Rasse und Religion geübt". Der Balzan-Preis war 1956 als Nachlaß des italienischen Industriellen und Antifaschisten Eugenio Balzan gegründet worden. Abwechselnd wird er in Rom und Bern verliehen, weil das Stiftungsvermögen in der Schweiz verwaltet wird.

Der Balzan-Preis erkennt an, daß Abbé Pierre sich nicht nur für die Armen und Obdachlosen engagiert. Je älter der Vielgeehrte wird, desto mehr packt ihn der sprichwörtliche heilige Zorn nicht nur angesichts der Obdachlosen sondern überall, wo er Ungerechtigkeit entdeckt. Selbst Nationalheiligtümer läßt er nicht aus. Dazu gehört die Hymne der Franzosen, die „Marseillaise". Das Grummeln über den unzeitgemäß kriegerischen Wortlaut verwandelte sich in offenen Protest, als bei den Olympischen Winterspielen von Albertville ein elfjähriges Mädchen bei der Eröffnung die Hymne anstimmte. Die Pariser Zeitung „Libération" beobachtete, wie „nicht wenigen ein Schauer über den Rücken lief". Die Spiele der Völkerverständigung begannen mit einem martialischen Aufruf: „Zu den Waffen, Bürger. Bildet Eure Bataillone", der 200 Jahre zuvor in Straßburg entstanden war. Soldaten aus Marseille sangen das Lied während der Revolution von 1792 als Schlachtruf. Später wurde die Marseillaise als Lied der Rheinarmee der Kriegsgesang gegen die Deutschen.

Abbé Pierre war die Hymne schon lange ein Dorn im Auge. 1989 forderte er dazu auf, ihre „Worte des Hasses" in eine „Botschaft der Liebe" umzudichten. Doch diesmal folgten ihm die Franzosen nur zu 40 Prozent. Bis heute ist das Lied von den blutdürstigen Soldaten am Rhein unangetastet geblieben. Die politisch so unterschiedlichen Staatspräsidenten Giscard und Mitterrand ließen sie nur unterschiedlich getragen, mal langsamer, mal schneller singen.

Den Wahlkampf ums Präsidentenamt, der schon Ende 1994 einsetzte, obwohl erst am 23. April und 7. Mai 1995 gewählt werden sollte, wußte Abbé Pierre geschickt zu nützen. Für die Obdachlosen versteht sich.

Die Feier zur 40. Wiederkehr der historischen Rundfunkansprache vom 1. Februar 1954 hatte Abbé Pierre in der UNO-Organisation für Erziehung, Wissenschaft und Kultur, der UNESCO, an deren Sitz in Paris eingeleitet. Er verlas einen Aufruf zu einem „Pakt der Zivilisation gegen das Elend". Ein gnadenloser Krieg müsse gegen die Armut geführt werden, forderten er und der Generaldirektor der UNESCO, der Spanier Federico Mayor, von allen „politischen, wirtschaftlichen, sozialen und kulturellen Entscheidungsträgern".

Am 1. Februar 1994 schließlich formulierte er einen neuen Aufruf, der über alle Medien verbreitet wurde. Angesichts der auch nach 40 Jahren noch immer 200000 Obdachlosen, manche Schätzungen sprechen sogar von bis zu 600000, und 1,5 Millionen unzureichend untergebrachten Menschen allein in Frankreich ermahnte er: „Ihr, die Gewählten, es ist Zeit zu handeln, damit jeder eine Wohnung hat." Die Bürger sollten ihre Bürgermeister bedrängen: „Frankreich muß sofort und für alle bauen. Es hat die Mittel, das Geld, die Technik, die Arbeiter, den Boden. Es dürfen keine Wohnungen oder Büros mehr leerstehen." Niemand dürfe mehr zulassen, daß Wohnraum vernichtet werde, weil Spekulanten ein gutes Geschäft machen wollten. „Das ist eine Abscheulichkeit und ein Verbrechen."

Der konservative Sozialminister Hervé de Charette kündigte an, daß zehn Prozent der freiwerdenden Sozialwohnungen „Personen in Schwierigkeiten" vorbehalten würden. Das wären etwa 40 000 Wohnungen. 20 000 weitere sollten speziell für diese Menschen neu gebaut werden.

Denn im Dezember 1994 erschienen pünktlich wie seit Jahrzehnten beim Einbruch der alljährlichen Kälteperiode in den Pariser Zeitungen die ersten Berichte von erfrorenen Bettlern. Den ersten meldete das Elsaß. Am 16. Dezember war in Mülhausen ein Obdachloser erfroren gefunden worden. Die Bürokratie hatte noch immer dieselbe Mühe wie ein halbes Jahrhundert zuvor. Einen Fortschritt hatte es aber gegeben. Das Problem wurde nicht mehr bagatellisiert.

Die liberale Sozialministerin Simone Veil reagierte resigniert, es gäbe kein Wundermittel. Man müsse über eine bessere Verteilung der Einkommen in der Gesellschaft nachdenken. Abbé Pierre wollte lieber handeln und zog zu Besetzern eines leerstehenden Hochhauses, dessen Besitzer, eine Immobiliengesellschaft den Mietern gekündigt hatte, um teure Eigentumswohnungen zu schaffen, die sich keiner der bisherigen Bewohner leisten konnte.

Wie gesagt, der Wahlkampf warf seine Schatten voraus, und der Pariser Bürgermeister Jacques Chirac wollte Präsident werden. Zu dieser Zeit, Ende 1994, lag er scheinbar hoffnungslos hinter Premierminister Edouard Balladur zurück. Abbé Pierre verschaffte ihm eine günstige Möglichkeit, sich als sozialer Kandidat zu profilieren, als der linke Bewerber der Rechten im Wettlauf ums höchste Staatsamt.

Abbé Pierre hatte im Fernsehen nicht nur die Lage der Obdachlosen als schockierend geschildert. Er hatte auch die Franzosen aufgerufen, keinen Kandidaten zu wählen, „der nicht die Unterbringung obdachloser Familien als oberste Priorität ansehe".

Chirac versprach daraufhin, von dem Dekret de Gaulles aus dem Jahre 1945 Gebrauch zu machen und leerstehende Wohnungen beschlagnahmen zu lassen. Möglichkeiten dazu gab es genug. Im Paris von Bürgermeister Chirac waren es nach Schätzungen 100 000 Wohnungen, die zum Teil schon seit zwei Jahren nicht vermietet waren. Die Besitzer warteten, bis die Preise wieder anzogen, damit sie nicht auf zu niedrigen Mietverträgen sitzen blieben, denn der Mieterschutz läßt Mieterhöhungen nur begrenzt zu.

Das Versprechen wurde noch rechtzeitig vor dem Beginn der heißen Phase des Wahlkampfes eingelöst. Der Präfekt von Paris, Joel Thoraval, ließ Ende Januar 1995 in zwei Häusern 15 Wohnungen beschlagnahmen, 33 weitere sollten folgen.

Chiracs soziales Profil bekam Konturen. Die unabhängige Zeitung „InfoMatin" freute sich über Abbé Pierre: „Dieser Teufelskerl von einem heiligen Mann, der sich kaum noch aufrecht halten kann, ist absolut erstaunlich. Seine Methoden sind zweifellos nicht sehr orthodox. Was wiegt aber ein leerstehendes, zugemauertes Gebäude gegen Hunderte armer Leute ohne Dach über dem Kopf an der Schwelle des Winters? Nichts!"

Der Abbé hatte sich durchgesetzt. „Ich war selbst immer etwas marginal, bisweilen schwer erträglich", bekannte er in einem Gespräch mit dem Genetiker Albert Jacquard, das 1994 als Buch unter dem Titel „Absolu" veröffentlicht wurde. Seine Mahnung darin: „Diese Gesellschaft muß verändert werden, sonst wird sie sich zersetzen wie ein Leichnam."

Besondere Neigung zu radikalen Veränderungen zeigte das Frankreich des Sommers 1995 allerdings nicht. In La Rochelle am Atlantik wollte Bürgermeister Michel Crepeau von der Radikalen Partei, einer Gruppe in Giscard d'Estaings Parteibündnis UDF, in der Art der 50er Jahre die neue Armut einfach verbieten. Per Verordnung untersagte er das Betteln in seiner Stadt. Sollten sich die Armen doch einen anderen Ort suchen. Quer durch alle Parteien folgten die Stadtoberhäupter in den Ferienorten auf der Insel Ré, in Pau, Tarbes, Toulouse, Perpignan, Carcassonne, Avignon, Valence diesem unrühmlichen Beispiel.

Der neogaullistische Premierminister Alain Juppé, selbst Bürgermeister von Bordeaux, forderte die Präfekten in den Départements auf, die Verordnungen auf ihre Rechtmäßigkeit zu überprüfen. Perpignan erlaubte umgehend als erste Stadt wieder die Almosen.

Emmaus hat sich inzwischen verselbständigt und etabliert. Der Staat erkennt es als Organisation mit öffentlichem Nutzen an, Spenden sind steuerlich abzugsfähig. Abbé Pierre fühlt sich bereits als Großvater der Bewegung. Die Väter und Enkel haben sich um sie zu kümmern. Um sich selbst braucht er sich nicht zu sorgen. Ist er in Frankreich unterwegs, laden ihn viele Wirte zum Essen ein. Ein diskreter Kreis von Freunden kümmert sich um seinen Lebensunterhalt in der ganzen Welt. Sein Konto muß nicht überzogen werden. Manche Summe wurde aus später Dankbarkeit überwiesen. Einmal ging ein ganzes Bündel von Schecks mit zusammen 267 000 Francs, etwa 80 000 Mark, ein.

Alexandra de Nonancourt, die Tochter des Chefs der Champagner-Firma Laurent Perrier, hat die zu ihrer Hochzeit geladenen Freunde gebeten, keine Geschenke zu bringen, sondern für Abbé Pierre zu spenden. Ihr Vater war während der deutschen Besatzungszeit von Abbé Pierre gerettet worden. Er sollte als Zwangsarbeiter nach Deutschland gebracht werden. Abbé Pierre beschaffte ihm falsche Papiere, mit denen er unerkannt in einer Jugendorganisation arbeiten und überleben konnte.

In Frankreich arbeitete Emmaus von der rue des Bourdonnais im ersten Arrondissment in Paris zusammen mit dem Emmaus-Nationalkomitee in Charenton, zwei Vereinigungen von Emmaus-Freunden und Gemeinden und unabhängigen Gemeinden. Eine „Stiftung Abbé Pierre" wurde gegründet. Der Biograph Pierre Lunel durfte Abbé Pierres Unterlagen und Archiv benützen. Lunel, der einmal schrieb: „Wer mit diesem Mann verkehrt, kann sich verbrennen", hatte Feuer gefangen und in aller Stille die Pflege des Erbes übernommen.

Neue Probleme fordern neue Methoden. Abbé Pierre regt an und segnet ab. Beispielsweise „Solidaritäts-Boutiquen". Sie entstehen in ganz Frankreich. Das Prinzip ist einfach. Der Mensch wird aus der Sicht der Bürokraten erst ein Mensch, wenn er eine Adresse hat. Die SDF, die Ohne-festes-Domizil, sind zwar amtlich anerkannt, ihre Not bekannt, sie selber aber nicht zu erreichen. Die Boutiquen sind künftig ihre Adresse. Dort können sie ihre Habseligkeiten hinterlassen, Post bekommen und Hilfe erhalten im Papierkrieg mit der Verwaltung oder bei der Suche nach Arbeit.

„Hier ist Emmaus. Für Abholtermine sind wir in den nächsten vier Wochen ausgebucht."

Dieses Band läuft auf einem telefonischen Anrufbeantworter in der Neusser Landstraße 2 in Köln. Er steht in der ältesten deutschen Emmaus-Gemeinde, der Mutter von heute vier: außer Köln noch in Krefeld, Stuttgart und Sonsbeck bei Kleve.

Vor 35 Jahren hat der spätere Pädagoge Stephan Drechsler bei den ersten Emmaus-Filialen, die im französischsprachigen Belgien entstanden, die Arbeit des Abbé Pierre kennengelernt. „Brocken-Sammeln" brachte damals noch ordentlich Geld, das in der Jugendarbeit dringend gebraucht wurde. Drechsler machte Abbé Pierres Lumpensammler also nach und konnte damit internationale Feriencamps für Jugendliche aus den armseligen Kölner Ruinen- und Armenvierteln finanzieren.

An der Methode hat sich bis heute nichts geändert. Noch immer sammeln die Kölner mit ihren derzeit rund 20 Compagnons, was verwertbar ist. Dreimal die Woche kann ab Aufbereitungslager gekauft und geholfen werden, ganz wie in Frankreich, doch längst nicht so populär.

Willy Does von der Kölner Emmaus-Gemeinde erinnert sich, daß seine Eltern, überhaupt die Generation über 60 Jahre, den Abbé Pierre noch gut kennt. Die Jüngeren dagegen kaum. Versuche, etwa den Film „Hiver 54" (Winter 54) für Deutschland zu synchronisieren sind gescheitert.

Warum ist die Persönlichkeit des Obdachlosenabbés bis jetzt so schwer in Deutschland zu vermitteln? Does: „Vielleicht liegt es daran, daß er ein ausgesprochener französischer Patriot ist." Vielleicht. Auf jeden Fall ist er eine vielschichtige, schwierige Persönlichkeit, die am besten in der direkten Ansprache „rüberkommt".

Abbé Pierre kann aber kein Deutsch. Sein Werk ist deshalb auch in den deutschsprachigen Ländern wenig vertreten, obwohl die Emmaus-Methode auch hier manches soziale Problem lösen könnte. Außer in den vier deutschen Gemeinden gibt es eine in St. Pölten (Österreich) und zwei in Zürich und Bern in der Schweiz.

Vielleicht liegt es aber daran, daß im Wirtschaftswunderland Deutschland lange Zeit kein Platz für eine charismatische Erscheinung blieb, die der materialistischen Gesellschaft einen jahrelang nicht nur unerwünschten Spiegel vor Augen gehalten hätte. Seine Botschaft wäre im Aufschwung, der in Deutschland alle Schichten erfaßt hatte und nicht nur große Teile wie in Frankreich, nicht verstanden worden. Nicht nur Abbé Pierre ist hierzulande den wenigsten bekannt. Es gibt auch niemanden, der mit ihm verglichen werden könnte – trotz des heute spürbaren Bedarfs.

15. Die heilige Nervensäge

Nach dem Aufstand der Güte 1954 stellte das Wochenblatt „Le canard enchainé" Abbé Pierre in die Reihe der größten Franzosen: „Frankreich hat die Heilige Jungfrau von Orléans gehabt. Frankreich hat de Gaulle gehabt. Heute hat Frankreich Abbé Pierre." Genau 40 Jahre später brachte der „Canard" die Lebensleistung des kleinen Abbé auf einen neuen Punkt: „Die heilige Nervensäge". Treffender und kürzer ging es nicht. Abbé Pierre mischte sich überall ein, wenn ihn der heilige Zorn packte. Der Krieg im Libanon, Krieg zwischen Israel und den Palästinensern, Folterung von Gefangenen in Pinochets Chile, überall, wo er Gerechtigkeit verletzt sah oder Menschen ihrer Grundrechte beraubt wurden, immer getreu seinem Grundsatz „Zuerst denen helfen, die am meisten leiden". Vereinnahmen konnte ihn niemand. Deshalb konnte er sich auch den Luxus leisten, ungeschminkt die Wahrheit zu sagen, auch wenn er sich dabei in Lebensgefahr brachte. 1984 war er nicht weit davon entfernt.

Italien in den 70er Jahren. Es sind die „Anni di piombo", die bleiernen Jahre, in denen linker und rechter Terrorismus das Land überziehen. 1978 wird der Christdemokrat, vielfache Minister und Regierungschef Aldo Moro in Rom ermordet. Die Regierung antwortet mit Ausnahmegesetzen. Die Staatsanwaltschaft und die Ermittlungsrichter dürfen zuschlagen und mit Erfolgsmeldungen Schlagzeilen machen, auch wenn die sich wenig später als falsch herausstellen. Ein Gesetz, das reuigen und damit geständigen Terroristen, „pentiti", Strafminderung verspricht, löst eine Welle von Denunziationen aus. Der Grundsatz, ein Beschuldigter habe so lange als unschuldig zu gelten, bis das Gegenteil bewiesen sei, hat keine Gültigkeit mehr.

Das Volk will Erfolge sehen. Personen werden verhaftet und oft jahrelang inhaftiert, ohne daß sie einen korrekten Prozeß bekämen. Gerechtigkeit ist in diesem Italien ein fremdes Wort. Die Justiz tobt sich aus, und sie hat sich unter ihren Opfern auch einen Freund von Abbé Pierre ausgesucht: Vanni Mulinaris, beschuldigt des Waffenhandels, der Bildung einer bewaffneten Bande, des Terrorismus. Er soll der Chef einer internationalen Koordinationszentrale der Roten Brigaden in Paris sein.

Abbé Pierre kann sich nicht vorstellen, daß das zutreffen soll, was sich die politisierten italienischen Ermittlungsrichter ausgedacht haben. Von der Unschuld Mulinaris überzeugt, wird er zum Detektiv, ermittelt, prüft, hört an und kämpft für die Freiheit Mulinaris.

Giovanni „Vanni" Mulinaris zählt zur extremen italienischen Linken der Generation nach den 68er Unruhen. Zu seinen Mitstreitern gehörte Renato Curcio, der Gründer der Roten Brigaden. Als Curcio den bewaffneten Kampf aufnahm, brachen Mulinaris und mehrere seiner Freunde mit dem Rotbrigadisten. Die Polizei und die Geheimdienste, deren Rolle beim Moro-Mord bis heute nicht aufgeklärt ist, verbreiteten dagegen, Mulinari sei in den Untergrund abgetaucht.

In Wirklichkeit zog er sich mit 30 Intellektuellen nach Paris zurück, um eine Sprachschule „Hyperion" zu gründen, die nicht nur Sprachen lehrte, sondern mehr Verständnis für die Kulturen fördern wollte. Über eine Nichte von Abbé Pierre, Françoise Tüscher, fand Mulinaris 1976 den Weg zu dem Armenpriester. Der begeisterte sich für Mulinaris Idee, und die beiden Männer freundeten sich an.

Das Unheil nahm sechs Jahre später, 1982, seinen Lauf. Mulinaris besuchte seine Eltern in Udine, Nordostitalien, da er sich keinerlei Schuld bewußt war. Die Polizei sah endlich eine Möglichkeit zuzuschlagen. Eine Sondereinheit überwältigte ihn beim Spazierengehen mitten auf der Straße und sperrte ihn drei Jahre ein, ohne je ein Gerichtsverfahren einzuleiten oder gar ein Urteil abzuwarten.

Abbé Pierre fuhr nach Italien und wurde beim zuständigen venezianischen Ermittlungsrichter Carlo Mastelloni vorstellig. Der gab zwar zu, keinerlei Beweise gegen Mulinaris zu haben, außer einigen Verdächtigungen zweifelhafter „Reuigen". Doch Mastelloni war ein Beispiel dafür, warum die italienische Justiz so in Verruf geraten war und kein Mensch ihr und dem Staat mehr vertraute. Die Haft für einen Unschuldigen begründete er schlichtweg mit dem Satz: „Ich bin sicher, in sechs Monaten Beweise zu haben."

Ein Jahr verging, ohne daß Beweise auftauchten, und dennoch blieb Mulinaris in Haft. Abbé Pierre wandte sich an den früheren französischen Innenminister Christian Bonnet und erreichte eine Untersuchung der Vorwürfe gegen „Hyperion". Ergebnis: Sie waren absolut unbegründet. Die italienische Presse jener Zeit betete dennoch schrill, lautstark und unkritisch nach, was Justiz und Regierung ihr „vertraulich" steckten. Wenn schon kein Urteil, dann doch eine satte Vorverurteilung. Ein Freispruch aus Paris war dagegen Einmischung in die inneren Angelegenheiten Italiens. Nicht hinzunehmen! Die italienische Ehre fühlte sich gekränkt.

Abbé Pierre stand wieder vor Mastelloni. Dem lag

nichts ferner, als zerknirscht seinen Fehler einzugestehen. Ein italienischer Ermittlungsrichter hat immer recht, und er wußte schließlich die Presse hinter sich. Wie sollte er nur diesen Abbé loswerden? Ganz einfach, er drohte ihm mit Verhaftung. Immerhin erkannte Mastelloni, daß er sich damit Scherereien einhandeln könnte, und schlug deshalb Abbé Pierre vor, ein Dokument zu unterschreiben, mit dem er eine Falschaussage zugab. Damit wäre alles aus der Welt, nur Mulinaris nicht frei. Abbé Pierre lehnte wütend ab. Diesen Sachverhalt nahmen die Medien allerdings nicht zur Kenntnis, und so lauteten die Schlagzeilen am nächsten Tag: „Abbé Pierre, der große Lügner." Den italienischen Journalisten war der Curé wohl noch nicht bekannt.

Der so übel Apostrophierte ging zum Gegenangriff über. Einen Monat später berief er in Rom eine Pressekonferenz ein. Er trat mit allen Orden an der Brust vor die Journalisten und lehrte sie auf die feine Art, was er von ihnen und der italienischen Justiz hielt. „Zum letzten Mal habe ich diese Orden getragen, als ich bei Pinochet die Freilassung von politischen Gefangenen forderte." Rom und Pinochet in einem Atemzug – das mußte gewirkt haben. Die italienische Regierung erhielt eine peinliche Flut von Protestbriefen. Eine internationale Kampagne für die Menschenrechte wurde unter das Motto gestellt: „Freiheit für Mulinaris noch vor Weihnachten." Es half nicht.

Am 23. Mai 1984 schrieb Vanni Mulinaris aus dem Gefängnis einen Brief an seinen väterlichen Freund. Er habe angesichts der Willkür, mit der man ihn behandle, beschlossen, in den Hungerstreik zu treten und zwar unbefristet. Abbé Pierre sah nur noch eine Möglichkeit, Vanni zu helfen. Er informierte die Kardinäle von Paris, Mailand, Marseille und Turin sowie den Erzbischof von

Udine über sein Vorhaben. Die Medien wurden zur Kathedrale nach Turin gebeten. Sie stellten sich auf eine Ansprache des Abbé Pierre ein, doch der 72jährige tat es seinem Freund Vanni gleich und begann in der Kathedrale seinerseits einen Hungerstreik.

Die vielen Berichte zum 30. Jahrestag des Winters 1954 waren noch in frischer Erinnerung. Abbé Pierre war nun auch von der italienischen Regierung nicht mehr zu übergehen. Rom sagte eine Abmilderung des Ausnahmerechts zu, Vanni Mulinaris wurde aus dem Gefängnis entlassen und unter Hausarrest gestellt.

Drei Jahre später zögerte der Abbé aber auch nicht, gegen die Isolationshaft zu protestieren, die Frankreich gegen die Mitglieder seines eigenen linken Terrorismus, der Action Directe, verhängte.

Indessen gab es seit den frühen 70er Jahren in Frankreich noch jemand anderen, der den Leuten ungeschminkt und unverfroren die Wahrheit sagte. Er hieß Coluche und spielte den Hofnarr, um den Franzosen um so brutaler den Spiegel vorhalten zu können. Seine Fernsehsendungen voller Vulgaritäten hatten riesigen Erfolg. Doch hinter dem großen Maul verbarg sich ein Herz für den Nächsten, das dem Abbé Pierre gleichkam. So wie Abbé Pierre nicht mehr mit hatte ansehen können, wie nach dem Krieg die Menschen in Löchern hausen mußten, konnte es Coluche nicht ertragen, daß im Frankreich der 80er Jahre Menschen nichts zu essen hatten. Die Regierung war für ihn „ein Haufen Arschlöcher". Abbé Pierre war leider alt und krank, dennoch wollte Coluche ihn sprechen.

Abbé Pierre zog sich in dieser Zeit schon häufig in die Normandie zurück. In der Benediktinerabtei Saint-Wandrille erholte er sich. Bei seinem ersten Anruf wurde Coluche von Mitarbeitern des Abbé noch abgewimmelt.

Sie fürchteten wohl, ihr Abbé würde Opfer der berüchtigten Streiche oder Witze des Komikers werden, der sich zur puren Provokation der Franzosen 1980/81 selber zum Kandidaten um das Präsidentenamt gegen Mitterrand erklärte. Der in ganz Frankreich beliebte Coluche, der am 28. Oktober 1944 als Michel Colucci in Paris geboren wurde, trat am liebsten in Latzhosen auf und grüßte seine Radiozuhörer und Fernsehzuschauer mit dem Spruch: „Grüßt seid ihr Beschissenen!" Einmal zeigte er sich nackt mit Hahnenfedern im Hinterteil als Verhöhnung des gallischen Hahns. Und dieser Coluche sollte nun ein ernstzunehmender Gesprächspartner für Abbé Pierre sein?

Reporter besuchten den Abbé und fragten ihn, was er von Coluche halte. Er kannte ihn nicht. Abbé Pierre kam fast ohne Fernsehen aus. Doch diese „Restaurants du coeur", die Restaurants des Herzens, die Coluche für die Armen ins Leben rief, beeindruckten ihn. Auch Coluche hatte die Franzosen mobilisiert. Im ganzen Land wurden diese „Restos" in Zelten und Hallen aufgemacht, Geschäfte spendeten Lebensmittel, Geld floß reichlich. Mit diesen Spenden konnte Coluche in kürzester Frist ein Netz von Suppenküchen auf französisch über das ganze Land spannen. Dort wurden und werden noch immer Obdachlose und Bedürftige kostenlos mit warmem Essen versorgt.

Ende März 1986 rief Coluche erneut bei Abbé Pierre an und bat um ein Treffen. Am Nachmittag des 26. März begegneten sich die beiden so unterschiedlichen Persönlichkeiten dann in der kleinen Wohnung des Abbé Pierre in der zehnten Etage eines HLM von Emmaus in Charenton. Der sonst so großmäulige Coluche setzte sich wie ein Schulbub stumm an den Tisch im Eßzimmer des Abbés. Lange wußte er nicht, was er sagen sollte. Dann zog er einen Scheck aus der Tasche und legte ihn vor den Abbé: „Bien, voila". Der Scheck lautete auf umgerechnet eine halbe Million Mark. Es war das, was im vorangegangenen Winter von den Spenden für die Restaurants du coeur übriggeblieben war.

Mit Abbé Pierre zusammen wollte er den nächsten Winter vorbereiten. Bis dahin sollte eine Fabrikhalle hergerichtet werden. Im ersten Geschoß ein warmes Winterquartier für die Obdachlosen, im Erdgeschoß ein Restaurant du coeur. Zum Abschied schenkte Abbé Pierre Coluche die Reproduktion eines Bildes, das er selbst in der Einsamkeit seiner Krankheit vor Jahren gemalt hatte. Das Bild zeigte einen Regenbogen, der die düsteren Wolken durchbricht. Ein befreundeter Fotograf hielt das Treffen fest: zwei höchst nützliche Nervensägen nebeneinander.

Coluche verabschiedete sich mit einem „Wir müssen uns wiedersehen". Es sollte nicht soweit kommen. Zwei Monate später, am 19. Juni 1986, rief der prominente Fernsehjournalist Jean-Pierre Elkabbach bei Abbé Pierre an, um ihm mitzuteilen, daß Coluche tödlich verunglückt sei. Er war in Opio bei Grasse in Südfrankreich mit dem Motorrad unterwegs gewesen und mit einem Lastwagen zusammengestoßen, der ihm die Vorfahrt genommen hatte.

Abbé Pierre ließ Coluches Mutter ausrichten, er werde auf jeden Fall zur Beerdigung kommen, gleichgültig, ob es eine religiöse Feier gebe oder nicht. In Coluches Welt war es keineswegs sicher, daß überhaupt jemand an eine kirchliche Beisetzung dachte. Coluches Manager Paul Lederman gab Bescheid: „Ich kenne die Bräuche in Ihrer Kirche nicht. Aber Coluches Mutter legt viel Wert darauf, daß Sie eine Messe feiern und zwar in Montrouge, wo sie immer gelebt haben."

Schwere Motorradmotoren dröhnten, dann herrschte Stille um die Kirche von Montrouge. Coluches „Brüder" gaben ihm das letzte Geleit. Unzählige Freunde, darunter viel Prominenz, nahmen bewegt Abschied von einem, der sie lachen ließ, der spottete und lästerte, der aber ein ganz großes Herz hatte. Abbé Pierres Stimme tönte aus den Lautsprechern, die die Stadtverwaltung rund um die Kirche hatte aufstellen lassen: „Wenn die Jugend heute Coluche beweint, dann will sie ihm danken, weil er die Heuchelei unserer so wohlerzogenen Gesellschaft demaskiert hat. Er war ein Zeuge, der anklagte und handelte."

Das ungleiche Paar, der 73jährige Armenpriester und der 41 Jahre junge und reiche Politclown, hatten vieles gemeinsam. In den Nachrufen, aber noch mehr in den Biographien und Würdigungen der Jahre nach Coluches Tod, wurde immer deutlicher, daß jeder der beiden in seiner besten Zeit eine ähnliche Rolle spielte, zumindest in der französischen Gesellschaft und Politik.

Coluche hatte nicht immer gefallen, weil „man nicht der wohlerzogene Schüler bleiben kann, wenn man mit sich selber bricht, mit der Gesellschaft, mit denen anderen", schrieb zum fünften Jahrestag seines Todes die angesehenste französische Zeitung „Le Monde" aus Paris. „Hätte er aber immer nur gute Manieren gezeigt, hätte er dann auch nur ein Viertel dessen erreichen können, was er erreicht hat?" Das erinnert an die Geradlinigkeit des Abbé Pierre.

„Le Monde" verglich ihn dann auch mit dem Abbé Pierre des Winters 1954: „Der Vincenz von Paul des Fernsehzeitalters hatte mit seinen Restaurants des Herzens eine ebenso große wie geniale Sache des Herzens geschaffen, die in die Zeit paßte. Dazu war eine starke und harte Persönlichkeit notwendig, wie in den 50er

Jahren die Armseligkeit des Abbé Pierre." Beide demonstrierten Frankreich mit einem Schlag gleich zweierlei Dinge. Sie „zeigten Frankreich seine Schwäche, weil man hier noch verhungerte, und sein Stärke, weil Frankreich sich in der Lage zeigt, sich zu mobilisieren, um den Skandal zu verringern!"

Coluche entlarvte, übrigens wie Abbé Pierre, die Politiker. Er führte früh vor, wozu die Politiker im folgenden Jahrzehnt die politische Szene mißbrauchen oder, so „Le Monde", wie die Politik „coluchifiziert" wird. Nicht mehr Inhalte zählen, sondern „Le Pen sieht man an, wie in seinem Kopf eine Registrierkasse läuft, die bei jedem Auftritt gewonnene Stimmen zählt". „Le Monde" spottete bereits, ob man nicht den 19. Juli, den Todestag von Coluche, zum Nationalfeiertag erklären soll, weil Coluche „der einzige Heilige sei, über den sich alle einig seien: heiliger Coluche, Motorradfahrer und Märtyrer."

Zu Silvester ergötzt sich Frankreich regelmäßig „an einer Infamie. Ihr könnt essen soviel ihr wollt. Wenn ihr darauf verzichtet, wird der Hunger in der Welt auch nicht verschwinden. Ihr habt also keinen Grund, nicht zu essen. Ihr seid aber Schweine, wenn ihr so unter den Augen jener Menschen eßt, die ihren Kinder kein Brot geben können." Mit diesen Worten geißelt Abbé Pierre im Winter 1987 die Auto- und Motorradrallye Paris-Dakar. Sie führt zuerst durch Frankreich, dann über Algerien (bis zu den bürgerkriegsähnlichen Unruhen zwischen Staat und islamischen Fundamentalisten) und Mali in den Senegal. Der Start ist am 1. Januar auf der Pariser Place de la Concorde.

Abbé Pierre ist kein Feind des Sportes. Ihn schmerzt aber, daß die High-Tech-Rallye durch die Sahara brettert, Straßen und Brücken beschädigt und außer Staubwolken bei den einheimischen Bevölkerungen nur Bitterkeit hinterläßt. „Ich würde mir wünschen, daß Emmaus eines Tages eine Untersuchung finanziert, um die Schäden dieser Rallye zu ermitteln." Wenn ein Rennstar krank wird oder verunglückt, dann setzen sich Armee, Flugzeuge, Ambulanzen sofort in Bewegung. Wenn aber ein kleines Mädchen aus dem Busch dringend ins Krankenhaus gebracht werden muß, kostet es tausend Mühen, ein Fahrzeug zu finden." Solange dies noch so anhält, sollte auf ein solches Rennen in der von Abbé Pierre so geliebten Sahara verzichtet werden.

Mussolini! Kein anderer Vergleich fällt Abbé Pierre ein, als er 1990 auf die Gefahr des rechten Demagogen Jean-Marie Le Pen angesprochen wird. Von Anfang an beobachtet der Abbé den Nationalisten voller Sorge. Er wirft ihm vor, die Franzosen zu täuschen. „Ein Politiker muß aber das Land auf die Wirklichkeit vorbereiten. Und die kann man ganz einfach an der Bevölkerungsentwicklung ablesen." Abbé Pierre sieht den Marsch der Armen der Dritten Welt, den er längst vorhergesagt hat, bereits auf dem Weg nach Frankreich. Die Einwanderer aus Schwarzafrika und dem Maghreb sind Le Pens bevorzugtes Ziel rassistischer Hetztiraden. Abbé Pierre setzt ihm entgegen, man könne natürlich die Zahl der Einwanderer gesetzlich begrenzen. „Man täuscht aber das Volk, wenn man ihm einreden will, daß es keine andere Lösung gebe. Man muß dafür sorgen, daß die Menschen in ihrer Heimat glücklich werden." Außerdem, so erinnert der Abbé in einem Interview des „Nouvel Observateur": „Was ist eigentlich die französische Rasse? Alle Welt folgte seit jeher dem Strom von Osten nach Westen und vermischte sich in Frankreich. Und das wird weitergehen. Alles, was Angst vor den Andersartigen fördert, ist gefährlich und widerspricht der französischen Kultur."

Abbé Pierre wirft Le Pen vor, verantwortungslos mit dem Feuer zu spielen. „Weiß er überhaupt, was er tut? Legt er absichtlich Feuer? Ich kann es nicht beweisen. Ich höre ihn, ich sehe ihn am Fernsehen und ich bin überrascht, wie sehr er doch Mussolini ähnlich sieht."

Die Muslime in Frankreich sieht Abbé Pierre in einer schwierigen Lage, in der sie nicht alleingelassen werden dürften. Das moderne Leben in Europa sei kaum mit dem Buchstaben ihres Glaubens zu vereinbaren. Der Islam hat eine Entwicklung, wie sie die abendländische Kultur und Zivilisation seit Renaissance, Aufklärung und bürgerlicher Revolution durchgemacht hat, nicht erlebt. Die Alternative für viele Muslime stelle sich deshalb nur zwischen Agnostizimus und Fanatismus. Einen Mittelweg sieht Abbé Pierre nicht, wenn die brüderliche Auseinandersetzung nicht zustande kommt. Er glaubt an die Reformfähigkeit des Islam.

16. Der Heilige und sein Erbe

Ein Dorf mit einigen Dutzend im normannischen Hügelland verlorenen Häusern: Estville, etwa 25 Kilometer nördlich von Rouen. An der Ortseinfahrt führt die schmale Straße vorbei an einer Einfahrt mit dem unauffälligen Schild Halte d'Emmaus, Rastplatz von Emmaus. Hierher hat sich Abbé Pierre mit 80 Jahren zurückgezogen. Hier hat er sein Testament geschrieben. Es ist 1994 als Buch beim Bayard-Verlag in Paris erschienen, ein Jahr später ist es bereits in 16 Sprachen übersetzt, im Herbst 1995 auch in Deutsch.

Der Wagen fährt auf einem Feldweg in die Einfahrt. Rechts renovieren Handwerker ein Haus. Dahinter in einem großen Saal sitzen alte Menschen. Auf den ersten Blick würde man sagen, sie basteln. Doch sie tun das, was Emmaus immer getan hat. Sie bereiten altes Zeug wieder auf. Links schweift der Blick über einen mit Kies bedeckten Parkplatz zu einer baumumstandenen Wiese. Eine breite Bank neben einem rustikalen Glockengestell.

Das Haupthaus hat schon bessere Tage erlebt, vor dem Krieg. Während des Krieges wurde es von der deutschen Wehrmacht besetzt. Die Normandie war hart umkämpftes Kriegsgebiet. Die Einrichtung ist einfach bis ärmlich. Die Menschen strahlen irgendwie Ruhe aus. Kein böses Wort, auch wenn eine offensichtlich geistesgestörte alte Frau zum x-ten Mal dieselbe Frage stellt und die Antwort auch bei der nächsten Erklärung nicht versteht.

Für 11 Uhr ist das Treffen mit Abbé Pierre geplant. Ein Anruf aus Paris. Er sei hundemüde von einer Reise nach Skandinavien zurückgekehrt und werde sich verspäten. Man wisse noch nicht, wann er komme und ob er überhaupt zu dem Gespräch bereit sei. Über die Wiese schlendert ein Mann heran, einer der Compagnons, die hier ihren Lebensabend verbringen. Er spielt mit einem Kätzchen in der frühsommerlichen Sonne. „Sie folgt mir immer." Im Gemüsegarten hinter dem „Herrenhaus" harkt ein anderer Senior. Ein Deutscher aus Bad Godesberg wechselt mit dem Besucher ein Paar Worte in seiner Muttersprache, will aber nicht verraten, welches Schicksal ihn hierher geführt hat.

Gemeinsames Mittagessen mit den drei Dutzend Compagnons hier im Altersheim von Emmaus, wo Abbé Pierre unter den Seinen den Lebensabend verbringen will, nicht zu weit weg von Paris und seinen Flughäfen. Noch immer kann der Abbé keine Einladung absagen, wenn er es für wichtig hält und die Gesundheit mitmacht. Man ißt französisch. Mehrere einfache Gänge, zum Schluß Käse und Obst. Nach der Vorspeise rollt ein französischer Kleinwagen in den Hof, am Steuer ein Mann, der nur unwesentlich jünger ist als Abbé Pierre. Vom Beifahrersitz steigt der Abbé selbst aus.

Ach ja, das Gespräch mit dem deutschen Journalisten. Begeistert ist er nicht. Doch seine Stimmung ist gut. Emmaus in Skandinavien, das läuft wunderbar, hat er am Telefon im voraus seinen Compagnons schon mitgeteilt. Er zieht sich jetzt zuerst in sein „Nest", seine eigene kleine Welt im ersten Stock zurück. Etwas essen, dann kann der neugierige Besucher kommen. Nach knapp zwanzig Minuten ist es soweit. Abbé Pierre empfängt in seinem Arbeitszimmer.

Was für ein Zimmer! Die Zelle im Kloster Crest seiner

Kapuzinerzeit war nur wenig kleiner. Höchstens drei auf vier Meter, vollgestopft mit alten Holzregalen, seinem Bett, einem Schreibtisch, ein Nebentisch für das Telefon, das aber keinen Platz findet. Er hat es deshalb auf einen Berg von Papieren abgestellt.

Abbé Pierre spricht leise, aber klar, deutlich und lebhaft von seinem Leben, seinem Testament, von seinem Emmaus, dessen Großvater er inzwischen sei. Die Väter, das sind jetzt andere. Sie machen die Arbeit. Emmaus gibt es in 42 Ländern, wird sogar von der UNO als Nichtregierungs-Organisation anerkannt und als solche konsultiert. Vieles, was er sagt, ist bekannt. Er verweist, um das Gespräch zu verkürzen, auf einige Bücher, vor allem auf Pierre Lunels „L'Abbé Pierre – L'insurgé de Dieu".

Er nennt sich Abbé, war Mönch und blieb katholischer Pfarrer. Ist er auch ein Heiliger? Gerade im Winter 1954, das Jahr des Durchbruchs von Emmaus nach der Massenmobilisierung der Franzosen gegen die frierenden Obdachlosen, haben ihn die Medien schon dazu erklärt.

Er reagiert nicht gerade böse. Das tut er nie, außer bei himmelschreiendem Unrecht, aber doch etwas barsch. „Das geht mich nicht an. Es sind die anderen, die einen Heiligen ernennen." Was ist aber nach seiner Überzeugung heute ein Heiliger? Der Abbé folgt der Logik: „Also zuerst müssen wir klären, was wir eigentlich meinen. Was bedeutet das Wort. Es gibt soviel zeitverschwendendes Palaver auf der Welt, von Politikern, Diplomaten und Philosophen, weil sie vergessen haben zu sagen, was ihre Worte wirklich meinen.

Wenn ein Heiliger eine Person ist, die die Kirche eindeutig als außergewöhnlich betrachtet, ein Modell, eine Ermutigung für die anderen, dann gibt es nicht viele. Aber ein Heiliger ist auch jemand, der tut, was er kann und was er zu tun hat. Eine Mutter, die den Haushalt und die Wäsche in Ordnung hält, kocht und die ihren Mann unterstützt, da gibt es Millionen von solchen Müttern, die Heilige sind. Ich glaube, daß von den sechs Milliarden Menschen auf der Erde viele Milliarden Heilige sind und nicht nur die auf dem Kalender."

Vielleicht spricht ihn die Kirche trotzdem heilig. Er hätte gewiß nichts dagegen. Freilich hat er etwas gegen die Kirche in der heutigen Form. Die kritisiert er scharf. „Das konstantinische Zeitalter" hat noch immer Spuren hinterlassen. Er meint die Kirche als Macht statt als arme Dienerin der Menschen. „Jesus kam auf einem Esel und nicht im Mercedes. Das soll sich der Papst in Erinnerung rufen."

Zunächst aber zurück zu Emmaus. Seit einigen Jahren spricht man von der neuen Armut, um jene Menschen zu benennen, die arbeitslos geworden sind und von keinem sozialen Netz mehr aufgefangen werden können. Emmaus könnte ein Ausweg für sie sein. Ist es aber auch ein Modell, das jeder nachleben kann? Abbé Pierre wehrt sich zuerst gegen den Begriff „neue Armut" – arm ist arm. Dann erst verneint er die Frage. „Die Emmaus-Gemeinschaften nehmen eine Menschheit aus dem Dreck auf, Clochards, Strafentlassene, Gescheiterte und Gestörte, die an erster Stelle Solidarität brauchen, ein Mindestmaß an Liebe. Wenn man sie wieder aufgerichtet hat, wenn sie ihre Würde durch den eigenen Broterwerb wiedergefunden haben, ihre Selbstachtung, dann entdecken sie, daß der Lohn ihrer Arbeit geteilt werden kann mit jenen, die genauso wie sie früher nichts zum leben haben."

Abbé Pierre erinnert an die drei Grundsätze, die Emmaus diese Leistung ermöglicht haben:

1. Wir akzeptieren nie, daß unser Lebensunterhalt von etwas anderem abhängt als von unserer Arbeit. Das Brot, das man ißt, hat man auch verdient.

2. Wir bilden ein wohltätiges Werk mit Helfern und Empfängern. Der Kräftige verrichtet eine beachtliche Arbeit. Wer aber nur Kartoffeln schälen kann, zählt genauso. Jeder leistet, was er kann.
3. Vor allem aber, man arbeitet, ohne sich zu bereichern. Wenn die Arbeit mehr hergibt als nötig ist, freut man sich, es weggeben zu können und so Neugründungen zu ermöglichen.

Es ist der Ausdruck einer tiefen Liebe, seine Art der Anbetung, die er in der Einsamkeit des Klosters begonnen hat und die er mit den Obdachlosen fortsetzt, ohne zuerst an ein Konzept zu denken oder einen Plan zu machen. Handeln für den Nächsten ist sein Gebot und Gebet. Im nachhinein erst formulierte er daraus Ideen oder Regeln, um seine Aktion dauerhaft abzusichern.

Abbé Pierre hat deshalb keine theologischen Lehrsätze aufgestellt. Seine Theologie ist einfach. Er faßt sie in drei Punkten zusammen. „Das erste Fundament meines Glaubens heißt: Gott, der Ewige ist die Liebe. Das zweite ist die Gewißheit, geliebt zu werden. Das dritte Fundament ist die Gewißheit, daß diese mysteriöse Freiheit in uns keine andere Daseinsberechtigung hat, als uns zu befähigen, die göttliche Liebe mit Liebe zu beantworten. Die blendende Schönheit der Freiheit liegt darin, daß sie uns nicht von etwas befreit, sondern für etwas. Um zu lieben und geliebt zu werden. Nein, die Hölle ist nichts anderes als die Einsamkeit derjenigen, die sich absurderweise selbst genügen wollen."

Abbé Pierres Testament sind Weisheiten eines langen Lebens in der Nächstenliebe. Deshalb will er auch, wenn es sein muß, dem Papst ins Gewissen reden. „Vielleicht schreibe ich ihm einen Brief wegen der Geburtenkontrolle und Aids." Wegen der Geburtenkontrolle und Aids? „Ja natürlich. Sehen Sie, der Papst redet dauernd vom Sex und seinen Gefahren. In der Bibel ist davon nur am Rande die Rede. Er scheint es zum Mittelpunkt zu machen. Dabei macht er einen gravierenden Fehler. Er verwechselt eine läßliche Sünde, nämlich ein Präservativ zu verwenden, mit einem Verbrechen, nämlich andere Menschen mit Aids anzustecken oder angesteckt zu werden."

Der Abbé erinnert sich an eine Begegnung in den 60er Jahren mit dem betagten französischen Kurienkardinal Eugène Tisserant. Sie sprachen über die Bevölkerungsexplosion, die die Welt in unabsehbare Probleme stürzen werde. Sie könnte nur verhindert werden durch empfängnisverhütende Mittel. Tisserant fragte seinen Landsmann, ob er schon von der neuesten Entdeckung der Amerikaner gehört habe. Sie hätten eine Pflanze gefunden, mit deren Hilfe man eine empfängnisverhütende Pille herstellen könne. Abbé Pierre hatte noch nichts davon erfahren.

Tisserant erzählte ihm begeistert weiter: „Ist es nicht wunderbar, daß sich in dem Augenblick, in dem sich der Menschheit ein gigantisches Problem stellt, uns Gott dieses empfängnisverhütende Mittel entdecken läßt und man an die Arbeit geht, um es in den Labors herzustellen!" Paul VI. hätte seine „Pillenenzyklika" erst schreiben sollen, nachdem er bei Tisserant nachgeschlagen hatte. Auch die Pille ein Geschenk Gottes – ob Johannes Paul II. schon mal daran gedacht hat?

Abbé Pierre liebt diesen Papst dennoch und hat Verständnis für ihn. Er komme aus einem Land, das schon unter kommunistischem Diktat gestanden habe, als Karol Wojtyla gerade zwanzig Jahre alt war. „In der polnischen Kirche durfte man nicht diskutieren. Er erlebte eine Kirche, in der alles stillstand, während in der ganzen Welt die Völker versuchten, nicht die Lehre der Kirche zu verändern, sondern sie der Wissenschaft und der Kultur unserer Zeit näherzubringen. Unsere Zeit ist anders als das Mittelalter. Doch Polen blieb unbeweglich." So unbeweglich blieb später auch der polnische Papst, klingt zwischen den Zeilen durch.

„Ich frage mich manchmal, was diese außerordentliche Energie soll, die der derzeitige Papst vergeudet, der die ganze Welt bereist, um die Botschaft zu verkünden mit dem Risiko, manchmal Seite an Seite neben jenen zu stehen und ihre Hände zu schütteln, die sich skandalös bereichert und so viele Unschuldige in ihren Ländern töten ließen. Dabei denke ich noch nicht einmal daran, daß der Besuch des Zeugen Jesu die Entfaltung eines Luxus auslöst, von dem nicht einmal ein großer Staatschef zu träumen wagt."

Vom nächsten Papst verlangt der 83jährige Abbé Pierre radikale Veränderungen. „Der Vatikan gehört nicht der Kirche. Er ist ein Kulturerbe der ganzen Menschheit. Also unterstellt ihn der UNESCO." Die Messe muß nach seiner Ansicht ganz gründlich umgestaltet werden, auch wenn es einige Traditionskatholiken schmerzt. Die Zukunft muß anders aussehen, „oder soll man vielleicht Bordeaux-Wein nach Grönland exportieren, damit die Eskimos, die keinen Wein kennen, die Messe feiern können?" Es ist schon keine Frage mehr, sondern eine Feststellung, die keinen Widerspruch erlaubt.

Viele sehnen sich nach der alten Liturgie. Für Abbé Pierre sind dies soziologische Äußerlichkeiten, so wie der sonntägliche Kirchgang nur ein Kirchengesetz sei. Wieviel gehen nicht mehr in die Kirche, wenn sie aus dem kirchlich geprägten sozialen Umfeld wegziehen? Also war es nicht der Glauben, der sie am Sonntag zur Kirche gehen ließ.

Nur das Wesentliche muß bewahrt werden. Wesentlich sind aber nicht weiße Chorhemden, hübsche Ministranten und Soutanen, Bischofsstäbe, Ringe und Meßgewänder. Ist es wesentlich, daß der Papst, die Bischöfe und Äbte eine Mitra tragen und sich diese wie bei einem Bühnenspektakel während der Messe auf- und absetzen lassen? „Als meine Compagnons die Bilder gesehen haben, wie die Kardinäle beim Konzil ihre Mitren aufsetzten, absetzten, aufsetzten und wieder absetzten und als ich ihnen einmal von einer Messe mit dem Papst in Rom ein Bild von mir mit ihm und der Mitra auf dem Kopf zeigte, brachen die in schallendes Gelächter aus. Ich will nicht sagen, daß Symbole überflüssig sind. Man braucht ein Symbol, aber Symbole, die vor tausend Jahren gültig waren und verstanden wurden, sind heute Antisymbole. Sie wirken hochmütig und dumm. Es ist reine Angeberei."

Das Wesentliche in der Eucharistie sind nicht Brot und Wein. „Jesus segnete, was da war." Das Wesentliche ist nach Abbé Pierres Darstellung das Opfer von Christus und nicht die Gestalt in Brot und Wein. Es könnte auch Reis sein. „Ich bin sicher, daß die Zukunft der Kirche nicht in der Fortsetzung dessen liegt, was sie bisher war und noch immer ist in ihrem Erscheinungsbild als reiche Kirche. Ich wage zu behaupten, daß das von der Kirche nie enthüllte dritte Geheimnis von Fatima daraus besteht, daß die Kirche gezwungen werden wird, wahrhaftig zu sein und treu dem Evangelium. Ich bin überzeugt, daß das dritte Geheimnis von Fatima den Zerfall dieser Panzerung ankündigt, in der die Kirche gefangen ist und in deren Schutz sie die Frohbotschaft in kanonisches Recht verwandelt hat."

Ohne Kirchenrecht lebt es sich viel christlicher, wenn man nach dem Evangelium handelt. Abbé Pierre zitiert einen seiner Lumpensammler. Es war in der Zeit, als die päpstliche Unfehlbarkeit in die öffentliche Kirchenkritik rückte. Der Schweizer Theologe Hans Küng hatte mit seinem Buch „Unfehlbar" Aufsehen erregt. Das Wort kam nun auch einem Lumpensammler von Emmaus über die Lippen und formulierte eine profunde Wahrheit: „Pater, wir leben im Unfehlbaren." Der Abbé verstand nicht gleich. „Was soll das denn heißen?" Wieso er das nicht verstehen konnte, war dem einfachen Mann schleierhaft. Es war doch ganz einfach: „Wenn man ein aktiver Mensch ist, der sich einsetzt, ob nun für die Linken oder die Rechten, spielt keine Rolle, und wenn man nicht gerade dumm ist, fragt man sich doch ab und zu, ob man sich vielleicht geirrt hat. Doch bei uns weiß man am Abend, wenn man den ganzen Tag lang an einem Haus für eine Mutter gebaut hat, daß man sich nicht geirrt haben kann."

Abbé Pierre läßt kein heißes Eisen aus, wenn man ihn danach fragt. Er riskiert auch ein offenes Wort, als der Vatikan den Bischof von Evreux, Jacques Gaillot, absetzt, weil der sich zu sehr mit den Ausgestoßenen der Gesellschaft und den falschen Medien, von schlüpfrigen Fernsehsendungen bis zum Playboy, eingelassen hat. Abbé Pierre fühlt mit Gaillot und hofft. Er ist überzeugt, daß Gaillot nicht lange in Ungnade bleiben wird. „Er ist kein Marcel Lefebvre", der Traditionalisten-Erzbischof, der sich gegen das Zweite Vatikanische Konzil erhoben hatte. „Er lehnt das Konzil nicht ab. Er leugnet keine Dogmen. Bischof Gaillot ist ein Mann, der das freie Wort beansprucht und Positionen vorwegnimmt, die bald diejenigen der Kirche von morgen sein werden," urteilt Abbé Pierre in einem Interview.

Er ist davon überzeugt, daß es Gaillot ergehen wird wie seinem eigenen Freund Henri de Lubac und den beiden Dominikanern Yves Congar und M.-D. Chenu. Pius XII., „umgeben von einigen schrecklich reaktionären Theologen", hatte ihre Werke verboten und sie zum Schweigen verurteilt. Später, so wußte Abbé Pierre von seinem Freund Lubac, hatte der Papst diesen in einem Brief vor dem Tod um Vergebung gebeten.

Der Nachfolger, Johannes XXIII., machte die drei zu den wichtigsten Konzilstheologen. „Die Geschichte unserer Kirche kennt und liefert viele Episoden dieser Art – unzeitgemäß, widersprüchlich und heilig." Die Lehren aus dem Fall Gaillot: „Das richtige Maß finden, nichts übertreiben, weil man sonst leicht reaktionäre Bewegungen provoziert."

Abbé Pierre kann es sich leisten, sich mit allen einzulassen. „Ich habe kein Amt. Das ist der erste Grund. Ich habe die natürliche Gabe einer angemessenen Unverschämtheit, die ihre Grenze kennt." Abbé Pierre, der geborene Rebell, der sich im Namen Gottes empört, so lautet denn auch die von ihm abgesegnete Biographie von Pierre Lunel: L'Insurgé de Dieu – Der Rebell Gottes.

Abbé Pierre, die Autorität, äußert sich unbekümmert zu Themen wie die Homosexualität oder die Rolle der Frau in der Kirche, aber auch zum Ausländerhaß der Nationalen Front des Jean-Marie Le Pen, die 1995 durch Wahlsiege wieder Schlagzeilen machte. „Die Aufgabe eines jeden menschlichen Wesens ist es zu beweisen, daß die Welt nicht ohne Vernunft ist." Um so mehr, so schreibt er in seinem Testament, als immer deutlicher wird, wie sehr alle voneinander abhängen. „Man zweifelt am Verstand der Menschheit, wenn man sieht, wie französische Bauern, die sicherlich nicht bösartig sind, Getreide vor den Präfekturen auskippen, und gleichzeitig verhungern in Somalia die Kinder."

An die Decke ging Abbé Pierre, wie er in seinem Testament notiert, als er zum ersten Mal den neuen Katechismus der katholischen Kirche in die Hand nahm und nachsehen wollte, was er über die Homosexualität sagte. Die drei Artikel begannen mit den Worten „Eine nicht zu vernachlässigende Menge". Von welcher Anzahl an werden Menschen denn eine „Quantité non negligeable"?

Was die Frauen angeht, so klagt Abbé Pierre an, sehe die Kirche ihre Rolle noch immer weitgehend als die der Putzfrau des Pfarrers. „Wo steht im Evangelium geschrieben, daß das Sakrament der Priesterweihe nur Männern vorbehalten sein soll? Es heißt nur, daß die zwölf Apostel beim letzten Abendmahl dabei waren. Es bleibt unerwähnt, ob nicht auch Maria dazugehörte.

Das Zweite Vatikanische Konzil hat nach Abbé Pierres Überzeugung in einem Punkt sein Ziel verfehlt: in der Definition des Priesteramtes. Das Aggiornamento, das Leitmotiv der Aktualisierung der katholischen Kirche durch Papst Johannes XXIII., sei hier nicht umgesetzt worden. Die Frauen hätten nicht weiter vom Priesteramt ausgeschlossen werden dürfen, und die Pflicht zur Ehelosigkeit der Pfarrer, der Zölibat, hätte aufgehoben werden müssen. Abbé Pierre ist sich sicher, „daß man nach dem Pontifikat von Papst Johannes Paul II. andere Initiativen akzeptieren wird". Dem Papst hat er übrigens schon 1989 empfohlen, wie jeder Diözesanbischof mit 75 Jahren in den Ruhestand zu gehen. Doch Johannes Paul II. hatte nur geantwortet: „Das muß reiflich überlegt werden."

Von den Politikern wünscht sich Abbé Pierre am Abend seines langen Lebens: „Dient zuerst den Schwachen. Wenn man zuerst den Starken dient, kommt es zum Kampf, weil jeder stark sein will. Den Schwachen zuerst helfen, schafft Frieden. Um die Schwachen streitet sich keiner."

Mit seinem Testament habe er eigentlich alles gesagt, meint Abbé Pierre am Ende des Gesprächs. Jetzt habe er nur noch den Wunsch zu sterben. „Den hatten Sie doch ein ganzes Leben lang." „Gewiß, aber jedes Mal, wenn ich es sage, denkt sich Gott lachend: Ich gebe ihm nochmals zwei, drei Jahre."

Er wird sie nützen, der Abbé Pierre, weil er glaubt, daß Kirche und Welt sich zum Besseren ändern werden. Er liebt sie beide.

Anders leben

Bernd Müllender (Hg.)
Weg damit
25 Reportagen vom lustvollen Abschaffen mit vier Zwischenrufen und einem „Her damit"
Band 4339

Anna Grimshaw
Ich hörte auf den Klang der Stille
Unter den Dienerinnen Buddhas in Ladakh
Band 4333

Lea Ackermann/Cornelia Filter
Frau nach Katalog
Sextourismus und Frauenhandel – und was eine couragierte Nonne dagegen tut
Band 4320

Martin Luther King
Mein Traum vom Ende des Hassens
Band 4318

Drewermann/Schorlemmer
Tod oder Leben
Hg. von Michael Albus
Band 4381

Manfred E. Neumann/Willi Schraffenberger
Platte machen
Vom Leben und Sterben auf der Straße – Portraits
Band 4311

Ruth Pfau
Verrückter kann man gar nicht leben
Ärztin, Nonne, Powerfrau
Hrsg. von Rudolf Walter
Band 4436

Walter Thimm
Leben in Nachbarschaften
Hilfen für Behinderte
Band 4272

Dorothee Sölle/Fulbert Steffensky
Wider den Luxus der Hoffnungslosigkeit
Band 4257

Ernst Sieber
Menschenware – wahre Menschen
Die umwerfenden Geschichten des Obdachlosenpfarrers von Zürich
Band 4252

HERDER / SPEKTRUM

Anetta Kahane/Eleni Torossi
Begegnungen, die Hoffnung machen
Grenzen gegenüber Ausländern überwinden – Ideen und Initiativen
Band 4236

Fridolin Stier
Vielleicht ist irgendwo Tag
Die Aufzeichnungen und Erfahrungen eines großen Denkers
Band 4234

Ruth C. Cohn
Es geht ums Anteilnehmen
Die Begründerin der Themenzentrierten Interaktion zur Persönlichkeitsentfaltung
Band 4224

Ina und Peter Heine
O ihr Musliminnen ...
Frauen in islamischen Gesellschaften
Band 4217

Dorothee Sölle
Leiden
Band 4215

Mutter Teresa
Zeiten der Barmherzigkeit
Band 4379

Helena Norberg-Hodge
Leben in Ladakh
Mit einem Vorwort des Dalai Lama
Band 4204

Tisa von der Schulenburg
Ich hab's gewagt
Bildhauerin und Ordensfrau – ein unkonventionelles Leben
Band 4169

Koni Nordmann/Heiko Sobel
Ich kann nicht mehr leben wie ihr Negativen
AIDS-Zeit
Band 4082

Daniil Granin
Die verlorene Barmherzigkeit
Eine russische Erfahrung
Band 4043

Das Glück liegt auf der Hand
ABC der Lebensfreuden
Herausgegeben von Rudolf Walter
Band 4021

Elie Wiesel
Den Frieden feiern
Mit einer Vorrede von Václav Havel
Band 4019

HERDER / SPEKTRUM